W0067543

GESCHICHTEN
VOM
KAFF
DER
GUTEN
HOFFUNG

IMPRESSUM

1. Auflage: August 2020
© Edition Outbird
www.edition-outbird.de

Covergrafik und Illustrationen: Holger Much
Lektorat: Ralf Schönfelder, Tristan Rosenkranz
Buchsatz & Layout: Benjamin Schmidt
Herausgeber: Tristan Rosenkranz

ISBN: 978-3-948887-04-9
Preis: 13,00€

GESCHICHTEN VOM KAFF

DER GUTEN HOFFNUNG

Gewidmet Corina Gutmann – zu früh gegangen, aber unvergessen!

KRUPPE SCHAUT HIN | EIN VORWORT

Die erste Begegnung, die ich mit M. Kruppe hatte, fand vor nun doch schon geraumer Zeit in Karlsruhe und dort wiederum in Mozarts Garten statt. Später sorgten Kruppe, Benjamin Schmidt und David Gray im durchaus malerischen, wenn auch etwas sinistren Keller des Umbra-et-Imagoschen Anwesens für eine legendäre Lesenacht, während ich selbst dort einige meiner Bilder ausstellte.

Zuerst aber gab es im von einem kleinen sympathischen Urwald umgebenen Pavillon Willkommensgetränke. Bei vom bestens gelaunten und derbe Schwänke zum Besten gebenden Hausherrn serviertem Bier, bei Cola und Kaffee plauderte man angenehm in den dunkelkulturelle Genüsse versprechenden Abend hinein. Und schon damals hat mich der erste Anblick von Herrn Kruppe nachhaltig beeindruckt - ringgeschmückte Finger, schwarze Weste und nach hinten gekämmte Haare summierten sich für mich zum faszinierenden Bild eines Poeten mit stilvollem Rockabilly-Punk-Flair.

Der optische Eindruck sollte sich später bei der Lesung bestätigen sowie bei zahlreichen späteren Begegnungen verfestigen. M. Kruppe ist im besten Sinne ein Poet der Straße, ein Poet der kleinen flüchtigen Alltagsaugenblicke und der Geschichten jenseits der großen Worte.

So widmet er auch seine „Geschichten vom Kaff der guten Hoffnung" jenen Schicksalen und Momenten, die andere nicht einmal wahrnehmen. Das tut er mit poetischer

Schlichtheit und Ehrlichkeit, manchmal mit Schmerz im Herzen, manchmal mit interessierter Distanz. So zeichnet er unsentimentale und gerade deshalb berührende Bilder von Menschen am Rande unserer Gesellschaft, Menschen, die sonst allzu gern aus dem Blickfeld verschwinden. Dies tut er mit einer solchen Direktheit, dass man sich schnell fallen lassen kann in jene Geschichten aus den Schatten der Kneipen, der dunklen Straßen und verpassten Lebenschancen. Ich habe sein Buch im wahrsten Sinne des Wortes verschlungen und das passiert mir äußerst selten.

Es sind stille Geschichten. Sie brauchen kleinen Lärm, keine großen Gesten. Manchmal brauchen sie nicht einmal so etwas wie einen klaren Abschluss oder gar eine Pointe. Beendet das Leben Geschichten hollywoodlike? Schreibt das Leben Pointen? Vielleicht tut es das sogar ab und zu. Doch meistens erzählt es einfach, weiter und immer weiter, und die kleinen besonderen und magischen Momente, die schüchterne Schönheit und die Faszination des grauen Alltags fließen ungesehen vorbei - fast.

M. Kruppe gibt diesen kleinen Geschichten den Platz und ihren oft traurigen, gefallenen Protagonisten die Beachtung und Würde, die sie verdienen. Wenn die Verlorenen bei Steve's ihre Stunden und Tage und Leben verbringen, verrauchen und vertrinken, dann schaut Kruppe genau hin, beschönigt nicht und romantisiert schon gar nicht. Andererseits versucht er aber auch nie, wie beispielsweise Heinz Strunk im „Goldenen Handschuh", durch extreme

Darstellungen und Ekel für leserische Sensationen zu sorgen. Kruppe schaut hin, sieht, fühlt und schreibt. Und Kruppe legt seine Welt dem Leser so dar, wie sie sich ihm darbietet - klar, kompromisslos, ganz ohne falsche Sentimentalität, authentisch. Dennoch - oder gerade deshalb - atmen seine faszinierenden, fesselnden Alltagsskizzen Poesie, Wahrhaftigkeit und Mitgefühl. Und das scheint mir doch etwas vom Schönsten zu sein, was man über ein Buch sagen kann: Poesie, Wahrhaftigkeit und Mitgefühl. Es ist mir eine Ehre, es illustrieren zu dürfen.

Holger Much, Albstadt, 8. Juni 2020

SCHAFE

Vaterland und Muttererde
Setz auf die Füße, lauf im Kreis
Lauf, wie auch der Rest der Herde
Und wisse nur, was jeder weiß!

Keine Fragen sollst du stellen,
Laufen, schweigen, Runden dreh'n!
Hörst du nicht die Hunde bellen,
Die wachsam um uns alle steh'n?

Reiz' und provozier' sie nicht!
Sie bellen und sie beißen dich.
Also lauft, steht dicht an dicht,
Sie zerreißen sonst auch mich!

Bleib still und tue was du sollst:
Ein Schaf sein für die Schlachterei!
Es nützt nichts, wenn du all dem grollst.
Was willst du denn, du bist doch frei.

BEI STEVE`S

Manchmal schaute ich, bevor ich in die Runde Ecke ging, bei Steve's rein, einem Tante-Emma-Laden in der Stadt, der ab fünf Uhr nachmittags einer traditionellen Stehpinte glich. Nicht nur weil ich, seitdem es den Laden gab, die Wiederbelebung dieses einstigen Kulturguts „Trinkerkiosk" genoss, sondern auch, weil du hier Dinge erlebtest, die du dir nicht ausdenken kannst.

„Wir gehen zu Steve's", hieß es, wenn man das Feierabendbier meinte, auch, wenn die Meisten hier das „Feierabendbier" als obligatorisches Ritual in die Langzeitarbeitslosigkeit oder die Frührente mitgenommen hatten.

Es gab so eine Art Stammrunde, eine Clique von Säufern, die sich seit einigen Wochen regelmäßig hier traf. Irgendwas an ihnen mochte ich. Ob es die Einfachheit der Leute war oder die Ehrlichkeit oder schlicht der Unterhaltungsfaktor, konnte ich nicht bestimmen und wollte das auch nicht.

Es war kurz vor Weihnachten, als ich mal wieder reinschaute. Die Runde war fast vollzählig. Da gab es Bernd, den rüstigen Rentner, der nach dem sechsten oder siebten Bier seine Blase nicht mehr unter Kontrolle hatte, wenn er längst schlafend auf dem Schemel neben der Eingangstür saß. Alle rümpften irgendwann die Nase. Aber wecken wollte ihn niemand, denn Bernd war stadtbekannt. Der ehemalige Boxer war schnell auf die Palme zu bringen, vor allem, wenn man ihn weckte. Und er hatte trotz seiner 74 Jahre noch ordentlich Bumms auf der Pfanne. Der Einzige, dem nie etwas passierte, war Steve selbst. Bernd schien auch im schlimmsten Dämmerzustand ein Motto nicht zu vergessen: „Beiße niemals die Hand, die dich füttert!"

Und so weckte Steve ihn regelmäßig, wenn es zu schlimm wurde und der Gestank den gesamten Laden einhüllte. Denn die „normalen" Kunden hatten sich in letzter Zeit desöfteren beschwert über den Gestank und darüber, dass „solche" überhaupt im Laden geduldet wurden. Ansonsten war Steve aber rigoros und weniger kapitalistisch als es vielleicht nötig gewesen wäre, um einen solch kleinen Laden zu halten. „Wenn es ihnen nicht passt, müssen Sie ihre Zeitung oder ihre Zigaretten eben woanders kaufen", pflegte er zu sagen, wenn sich mal wieder jemand über die „Assis" aufregte. „Solange ich hier der Chef bin und wir 1933 noch nicht zurückhaben, wird sich nichts daran ändern, dass ich auch diese Leute bediene." Das saß meist und forderte einigen Nörglern Respekt ab, zumindest dachten sie nach und kamen am nächsten Tag wieder.

Ein anderer Stammgast war Peter, der schon lange nicht mehr arbeiten konnte, weil er sich nach jahrelanger Plackerei auf dem Bau den Rücken kaputt geschuftet hatte und nun Frührentner war. Immer wenn es irgendwo etwas abzustauben gab, war Peter an vorderster Front. Er war auch Stammgast beim kurdischen Imbiss, in dem wir uns früher trafen. Auf dem Weg zur Toilette, die eigentlich ausschließlich dem Personal vorbehalten war, aber auch von den Stammgästen genutzt wurde, stibitzte er stets die Fleischreste von den Tellern. Nicht selten kam er kauend vom Klo zurück und einmal sagte irgendwer: „Na … haste ma wieder gepetert?" Seither heißt das geduldete Entwenden von Essensresten eben „petern".

Auch Jürgen stand schon mit dem ersten Bier in der Hand an der Ladentheke. Jürgen, der trotz seiner geistigen Schwäche (oder gerade wegen ihr?) ein cooler Typ war. Immer ein bisschen gereizt, aber niemals körperlich aggressiv, der künstlich hochfuhr und laut wurde, aber dabei auch über sich selbst lachen musste, denn von dem 1,50m großen Spargeltarzan ging nie eine Gefahr aus. Jürgen: Der mit der Hasenscharte, der immer abschätzig lachte, wenn man politisch korrekt „Gaumen-Kiefer-Lippenspalte" sagte und der sich dann darüber aufregte, dass man das Kind doch beim Namen nennen solle, der höchstens Mitte dreißig, aber „zu dumm zum arbeiten" war, wie er selbst betonte, weil er "Abschluss fünfte Klasse" hatte und deshalb in den Werkstätten für Benachteiligte schaffte.

Zu dieser Clique gehörte auch Lea, die im Vergleich zu den Anderen eine Ausnahme darstellte, denn Lea war noch sehr jung mit ihren 20 Jahren. Und sie trank keinen Alkohol. Ich frage mich noch heute, was sie an Leuten wie uns fand, weswegen sie immer wieder hierherkam und sich von alten, versoffenen, geilen Böcken anmachen ließ - je betrunkener, desto penetranter. Vielleicht lag das an ihrem Knacks, den sie zweifelsohne hatte, auch, wenn es meines Wissens nach keine Diagnose gab. Aber wo ADHS schon schlimm war, hatte sie wohl etwas, das ADHS PLUS 1000 hätte heißen müssen. Gerade mit ihrer Lehre zur Bäckerin fertig geworden, war auch sie Stammgast im Steve's.

Als ich damals reinkam und mir direkt ein Bier aus dem Kühlschrank nahm, fragte Bernd: „Wer hat den Boxkampf am Sonnabend gesehen?"

„Nur die erste Runde", sagte Peter. „Das war mir zu spät. Die guten Sachen kommen halt immer erst mitten in der Nacht, wo normale Menschen schlafen."

„Boxen is nich so meins", sagte ich und Lea pflichtete mir bei.

„Ach, ihr wisst doch nich, was gut is", erwiderte Bernd. „Das war die absolute Messe war das. Der Deutsche hat den so dermaßen platt gemacht, den Schweden, die alte Großfresse."

Beim letzten Wiegen musste der zwei Köpfe größere Schwede dem Deutschen, wie auch immer die beiden hießen, einen Headbut gegeben und ihn mit den Worten „Ich zerstampf dich!" angekeift haben.

„Und der Deutsche", fuhr Bernd fort, „hat nur gesagt, dass er freilich verlieren kann, aber sich nich K. O. schlagen lässt."

Jetzt verlor Bernd völlig die Beherrschung vor Euphorie, die so wie der Suff von ihm Besitz ergriff. Er exte sein

Bier und sprach weiter: „Und dann hat der Deutsche den Schweden zermatscht. ZERMATSCHT, versteht ihr! Der kam nich ma zur Siegerehrung, weil die Ärzte mit dem Halunken beschäftigt waren. So eine Show ... bumm, bämm, batsch..."

Bernd ahmte die Schläge nach, nahm die Fäuste deckend vors Gesicht, schlug Haken und Jabs und bewies allein durch sein Schattenboxen, dass man sich besser nicht mit ihm anlegte.

„Das war die absolute Messe. Ich versteh nich, wie man sowas nich geil finden kann!"

Mir fiel auf, dass es immer etwas ekelig war, wenn alte, fette Säufer das Wort „geil" in den Mund nahmen. Das hatte etwas Abstoßendes. Der Klang dieses Wortes aus solch einem Mund implizierte mir zwangsläufig das Bild eines aufgegeilten alten Sacks, der sich über eine junge Frau hermachte. Ich wand mich kurz angewidert ab und griff in den Kühlschrank, um mir ein neues Bier zu angeln.

„Neulich hamse ne Kuh überfahren im Oberland", sagte Peter plötzlich aus der Kalten, um das peinliche Schweigen zu brechen.

„Ja", sagte Bernd, der auf dem Höhepunkt seines Suffs war. Nicht mehr lange und es würde bergab gehen. Dann würde er wie immer auf seinem Schemel sitzen und sich einpissen.

„Ja", wiederholte er, „die war 80 und hieß Liesl Schmidt. Mit der hatte ich's vor 20 Jahren mal."

Der halbe Laden lag flach. Und auch Lea lachte und Peter, durch die lockere Stimmung animiert, ging zu ihr und sagte: „Ich bin der Weihnachtsmann. Und weißt du, was ich in meinem Sack habe?"

„Klar", schmunzelte sie und ich dachte: „Oh Mann, jetzt kommt wieder die Nummer ... der alte aufgegeilte Typ macht sich an die junge Nudel ran, die muss ihn abwehren und irgendwann gehe ich dazwischen, weil er mal wieder nicht begreift, dass ihr Lächeln Verlegenheit ist und kein Zeichen, dass sie es auch will." Aber sie war straight und sagte: „Alte tote Rentnerspermien."

Nun war ich es, der laut auflachte und mit mir alle Anwesenden außer Peter. Der brabbelte irgendetwas Unverständliches, während er zum Kühlschrank ging, um sich ein neues Bier zu genehmigen. Mit dieser Schlagfertigkeit hatte ich nicht gerechnet. So kannte ich Lea gar nicht. Und eigentlich wollte ich auch nur ein Bier trinken. Nun aber war ich schon beim dritten und feierte Lea, die sich wie immer gern feiern ließ.

KÜNSTLERWEISHEIT

Karl war mein Nachbar.
Ich ging immer mal
auf ein paar Bier runter zu ihm,
weil man da rauchen konnte
und ich Karls einfache Art mochte.

Und manchmal, da schimpfte Karl
und wurde wütend auf sich selbst.
Karl war Künstler und hasste es,
Künstler genannt zu werden.

„Ich bin Pinsler", sagte er immer.
Tatsächlich tat er den lieben langen Tag nichts,
als Leinwände zu bepinseln.
Und wenn er mal kein Geld hatte,
neue zu kaufen,
malte er seine Wände voll.
Die Farbschicht in seinem Wohnzimmer
war locker schon 5 Zentimeter dick.
Und immer hörte er Beethoven...

Einmal, als wir uns über Musik unterhielten, sagte er:
„Beethoven ist der größter Musiker aller Zeiten.
Ungeschlagen und von nichts Kommendem überragt.
Und ich sag dir eins:
Lebte er heute,
er wäre ein Punk!"

Irgendwie mochte ich Beethoven
seither.

Neulich war ich mal wieder bei ihm.
Ich klingelte,
er öffnete die Tür, mit einem Bier in der einen
und seiner Farbpalette in der anderen Hand,
nickte, bat mich wortlos rein.

Die Bude sah chaotisch aus wie immer:
Zwischen Farbtuben und leeren Bierflaschen
und drei übervollen Aschenbechern
und einem Stapel irgendwelcher Tittenmagazine
und Kronkorken und leeren und halbleeren Tabakbeuteln
stellte er sein Bier ab und
wand sich wieder seiner Staffelei zu.

„Ich wollt nur mal schnell eine rauchen kommen",
sagte ich.
Karl nickte und pinselte irgendwelche Farbkreise
auf die Leinwand.
„Was wird das eigentlich, wenn's fertig ist?"
fragte ich.

„Das kann ich selten vorhersagen",
meinte Karl.
„Meine Bilder pinseln sich selbst.
Am Anfang ist es ein Drang,
wie ein Schub von Energie,

der mich überkommt,
manchmal auch eine Idee...
Dann nehme ich die Palette
und lege los."

Mit Malerei konnte ich noch nie viel anfangen,
aber seine Sachen fand ich fast alle gut.
Sie waren zuweilen recht düster,
reich an Details
und erinnerten mich an Hieronymus Bosch,
einen der Wenigen
dieser Branche,
die mir zusagten...
Und einmal verglich ich Karl mit Bosch,
was ihn zur Weißglut brachte:

Er warf seine Flasche nach mir
und schrie:
„Pinsele ich wie irgendwer?
Glaubst du, ich kopiere, ja?"
„Beruhig dich mal!",
sagte ich,
das war doch keine Wertung."

„N Scheiß mach ich", schrie Karl zurück,
„Ich bin nicht der scheiß Bosch
und ich bin kein scheiß Picasso
oder weiß der Geier wer...
Ich pinsele, weil ich sonst nichts zu tun habe.

Hin und wieder verkaufe ich mal ein Bild
für ein paar Kröten,
und hab den Kühlschrank dann voller als sonst.
Aber ich mach's nicht wegen Geld,
Ruhm,
Anerkennung
wie all die anderen Schmierer."

„Na aber irgendwas
muss dich doch zum Pinseln bringen?",
fragte ich, während ich Richtung Tür ging.
„Das ist mein Zeitvertreib, während ich warte."
„Worauf?"
„Willst du mir sagen, dass du noch nicht begriffen hast,
dass wir alle nur warten und uns dabei
eine Beschäftigung suchen müssen,
um nicht durchzudrehen?",
sagte Karl, der sich beruhigt hatte
und nun einen fast mitleidigen Tonfall annahm.
„Worauf warten wir denn?", fragte ich
und Karl sah mich aus seinen großen grünen Augen an,
um die herum das Leben tiefe Falten zog.

„Auf den letzten Tag, Mann.
Wir alle warten auf das Ende.
Zwischen Geburt und Tod
ist alles Füllmaterial...
Nichts ist von Belang,
nur die Geburt und der Tod."

Er drehte die Anlage lauter.
Das war seine Art,
Gäste loszuwerden.
Ich stieg die Stufen zur dritten Etage nach oben,
schloss meine Tür auf
und hörte noch hier deutlich
Beethovens Vierte...

LEBENSLÜGEN

Auf den hölzernen Bohlen
mit denen die aufgebaggerte Straße
in der Innenstadt abgedeckt war,
erzeugten meine Schritte ein weiches Pochen.
Ein taktvoller Klang.
Kleinstadtbeat
– pock, pock, pock, pock.
Soundtrack.
Begleitmusik in den kommenden Sekunden.
Meter für Meter in das Nachher,
das eben noch jetzt war.

Im Jugendhaus.
Das orangefarbene Licht der Straßenlaternen
kleckert durch die schmutzigen Fensterscheiben.
In einem kleinen Raum,
verraucht und stickig, beinahe sauerstofflos,
drängen sich die selbsternannten Alternativen
um einen winzigen Tisch.
Thema der Diskussion: Öffnungszeiten,
Alkoholverbot, Rauchverbot.
Gesprochen wird bei Bier
und selbstgedrehten Zigaretten.
Zwei Joints machen die Runde.

Da brennt nicht nur der Rauch in den Augen.
Die große Lüge tut es auch.

Eine Lüge,
die von der Spitze bis zur Wurzel eine Lüge ist,
die im Wahn eines scheinbaren Lebensgefühls
wie süßer Saft getrunken wird.

Sie leben und sie sterben,
konsumieren und rechtfertigen,
betäuben sich

und erwachen in Sehnsucht nach Betäubung...

ᴸINS FÜR RENATE

Renate war in diesem Kaff jedem ein Begriff,
denn hier fallen die Menschen besonders auf,
die nicht konform sind.
Jeder kannte die Trinker und Verrückten mit Namen.
Und jeder kannte ihre Geschichten.
Und über jeden dieser Trinker und Verrückten
kursierten mindestens vier verschiedene Geschichten
und ich bin mir nicht sicher,
ob ich hier die richtige Geschichte
über jene Frau erzähle,
die alle nur „die olle Renate" nannten.

Renate saß immer in der Fußgängerzone,
umgeben von kleinen Schnaps-
und großen Kadarkaflaschen
und bildete einen schrägen Kontrast
zu diesem bis ins kleinste Detail
durchsanierten Straßenzug
der Altstadt.

Eine der Geschichten über sie besagt,
dass sie einst Lehrerin war.
Als glühende Kommunistin
schloss sie ihr Studium in den 60ern
mit Auszeichnung ab,
geriet aber,
nicht lange, nachdem sie

an einer Schule zu arbeiten begann,
unter die Räder des DDR-Systems.

Einmal ein falscher Satz,
eine Kritik am Staat,
an der Regierung,
und man nahm sie in die Mangel.

Das machte sie nur noch trotziger.
Ihr Rebellentum wurde von denen gefüttert,
die es aushungern wollten.

Es dauerte nicht lange
und sie landete in Stasihaft
und als sie rauskam,
durfte sie nicht mehr als Lehrerin arbeiten.
Die einst stolze Frau
kehrte gebrochen in die Kleinstadt zurück
und hielt sich mit freizügigen Diensten über Wasser.
Offiziell war Prostitution in der DDR verboten,
aber die Oberen duldeten sie,
weil sie davon selbst profitierten.

Aus der Lehrerin wurde „die feuchte Renate".
Die Pein des Erlebten betäubte sie
mit der falschen Anerkennung ihrer Freier
und mit Wein und Zigaretten.

Alter und Alk setzten ihrem Körper zu.
Und irgendwann blieben die meisten Freier weg.
Der Geist war längst schon ein Krüppel,
ein Rest von dem,
was aus der Stasizelle zurückgekehrt war.

Die Wende kam,
das System änderte sich
und mit ihm Renates Spitzname.
Aus der „feuchten Renate"
wurde die „verrückte Renate".
Jeden Tag saß sie nun in der Innenstadt,
trank und sang,
unterhielt nicht selten die Passanten
mit wirren Sprüchen.
Und wenn sie ihre Rente versoffen hatte,
meist gegen Monatsmitte,
bot sie sich jedem an,
der an ihr vorbei lief
und nach Mann aussah,
und sorgte für peinliche Momente.

Mir lief sie mal hinterher,
bettelte, dass ich ihr eine Flasche Wein ausgebe.
Ich war höchstens 17, 18 Jahre alt
und schämte mich dafür,
denn die Fußgängerzone war voller Menschen.
Und selbst wenn ich gewollt hätte,
ich hatte kein Geld dafür.

Die paar Kröten, die ich in den Taschen hatte,
brauchte ich für den eigenen Suff am Abend.
Also verneinte ich freundlich aber vehement,
woraufhin sie laut sagte,
dass ich alles mit ihr machen könne.
„Ich hab wirklich keine Kohle", sagte ich
und beschleunigte hochroten Kopfes meinen Schritt.
Sie aber lief mir nach,
stellte sich vor mich
und riss ihr schmuddeliges T-Shirt
mit der riesigen Rolling-Stones-Zunge hoch.
Zwei Brüste, die wie zwei Lappen
bis kurz über den Bauchnabel hingen,
kamen zum Vorschein,
während sie sagte:
„Komm schon, ich hab noch einen schönen Körper."
„Jetzt ist aber Schluss, Renate",
sagte ich,
ebenfalls für alle hörbar
und lief fluchtartig davon.

Ich schämte mich wie ein Bettnässer,
nicht nur wegen dieser Szene,
sondern auch,
weil ich ihr nicht wenigstens eine Mark zusteckte
und nur an meinen eigenen Suff dachte.

Irgendwann schaffte sie es nicht mehr bis in die Stadt.
Der Supermarkt in der Nähe des Obdachlosenheimes,

in dem sie lebte
und der das „Übergangswohnheim" genannt wurde,
war nun ihr bevorzugtes Refugium.
Auch ich wohnte dort in der Nähe.
Von früh bis spät stand sie im Eingangsbereich,
trank ihren Rotwein aus dem Tetra Pak
und gönnte sich zwischendurch
von dem geschnorrten Geld einen Kaffee beim Bäcker.

Ich habe mehrfach versucht,
mit ihr zu sprechen,
um ihre wirkliche Geschichte zu erfahren,
aber da war kein Gespräch möglich.
Sie redete nur von Freiern,
von all den Männern,
die sie geliebt habe,
und von denen sie wiedergeliebt wurde.
Zu ihrer Vergangenheit konnte
oder wollte sie nichts erzählen.

Heute Morgen wollte ich mir ein paar Brötchen holen,
in diesem Supermarkt,
vor dem sie immer stand.
Schon von weitem sah ich das Blaulicht
und dachte zunächst an einen Diebstahl.
Als ich näherkam,
sah ich sie dort liegen.
Ihr faltiges Gesicht war schon blau,
ihre weit aufgerissenen Augen starrten

- fast sehnsüchtig -
in den wolkenlosen Frühlingshimmel.
Sie hatte ihre Klamotten ausgezogen
und fein säuberlich gefaltet
neben sich gelegt.
Ihr ausgemergelter Körper
war voller blauer Flecken.

Zwei Polizisten legten eine Decke über sie
und als ich den Bäcker mit meinen Brötchen verließ,
hob man sie gerade auf eine Bahre.

Zu Hause legte ich die Brötchen auf den Tisch,
aß nichts,
holte mir stattdessen ein Bier aus dem Kühlschrank,
trank eins auf Renate
und dankte dem Himmel dafür,
bislang verdammt viel Glück gehabt zu haben.

SELTSAME BEGEGNUNG

Ich war Kurierfahrer
und zuckelte seit Monaten jede Nacht
durch den Thüringer Wald.
Ich hatte stets ein Sixpack dabei,
um über die Nacht zu kommen
und überlegte schon seit ner Stunde,
mir ein Bier aufzumachen.

Spätestens nach dem Zweiten
fühlte ich mich wie der König der Straßen,
keine Menschenseele war um diese Zeit unterwegs.
Nachts schliefen die Leute,
Kneipen gab es keine hier oben
und Cops hatte ich auch noch nie gesehen.

Irgendwo kurz vor Suhl,
auf den Serpentinen,
die runter in diese Kessel-Stadt führen,
stand plötzlich hinter einer Kurve
ein riesiger Hirsch auf der Straße.

Ich ging in die Eisen
und kam mit quietschenden Reifen
drei, vier Meter vor ihm zum Stehen.
Das juckte ihn gar nicht.
Er stand da wie eine Statue
und starrte mich aus seinen fünf-Mark-Stück-großen,

schwarz-braunen Augen an.
Ich starrte zurück
und bestaunte das majestätische Geweih.
Dieses Tier war von überwältigender Größe.

Er stand da,
starrte
und machte keine Anstalten,
weiterzugehen.
Die Straße war zu schmal,
es war nicht möglich,
ihn zu umfahren.

Da standen wir nun,
zwei Könige im Niemandsland
und blickten uns an.
Er im Licht meiner Scheinwerfer,
ich im Glanz seiner Größe.

„Abblenden!", schoss es mir durch den Kopf.
Irgendwo hatte ich mal gelesen,
dass Wildtiere von grellem Licht
paralysiert werden.
Ich blendete also ab,
aber der Hirsch stand, wo er stand
und starrte mich an,
als wolle er mir etwas sagen.

Um uns der Wald, sein Reich,
die Straße das meine,
und das Kräftemessen
schien zu seinen Gunsten auszugehen.

Ich schaltete das Licht aus.
Nichts geschah.
Ich schlug auf die Hupe,
der Hirsch stand und starrte.
Ich riss die Tür auf und schrie:
„Verpiss dich, du dämliches Mistvieh!",
aber der Hirsch stand und starrte.

Resigniert drehte ich mir eine Kippe.
„Dann eben nicht", dachte ich und griff zum Sixpack
auf dem Beifahrersitz.
„Scheiß was drauf!",
sagte ich und stieg aus dem Auto,
lehnte mich an die Front des Rapids,
steckte mir die Zigarette an,
öffnete das Bier
und prostete meinem Gegenüber zu.

Erst jetzt merkte ich,
wie ich zitterte.
Diese Novembernacht war nicht kalt.
Es war die Angst, die mich beben ließ,
genauso
wie die Bewunderung für dieses imposante Tier.

Und ich fragte mich,
wie vielen Menschen solch eine Begegnung zuteilwird.

Wie viele Menschen legen sich im Wald auf die Lauer,
um einen Hirsch fotografieren
oder töten
zu können?
Und was genau soll mir diese Situation hier sagen?

Ich trank noch einen Schluck,
zog an meiner Zigarette und sagte
„Hör zu Großer,
wir müssen eine Lösung finden"
    und hielt ihm die Flasche hin:
„Willste n Schluck?"

Hier und jetzt begriff ich,
wie klein ich eigentlich war,
wie schwach.
Aber das Bier machte mich mutig,
ich ging einen Schritt auf ihn zu
und hielt ihm die Flasche hin.
Uns trennten gerade noch zwei Meter.

Nun schien es, als nickte er mir zu.
Sein mächtiges Geweih wackelte leicht,
er trabte ganz langsam,
wie es sich für einen König gehört,
in den Wald.

FRAGMENT IM GEHEN

Es ist kurz vor sechs.
Das Café,
in dem ich hin und wieder sitze,
schließt gleich.
Mir schmerzen der Kopf und der Nacken
und die Schreibhand.
Ich trinke mein Bier auf ex aus
- im Stehen, während ich mich anziehe.

Zwei Liter Flüssigkeit in zwei Stunden.
Ich muss pissen.
Auf dem Scheißhaus dudelt grauenvolle Popmusik.
Und eine dunkle Stimme in meinem Kopf flüstert:
„Was beschwerst du dich, du Irrer?
Hast du's nicht gut?
Sitzt Tag um Tag in Cafés
und Kneipen,
säufst Kaffee und Bier,
paffst und wirst immer fetter!"

Ich blicke an mir herab.
Tatsächlich.
Die schwarze Weste spannt.
Man kann fast zusehen, wie die Knopflöcher sich weiten.
Von wegen „Schwarz macht schlank".

Ich wasche mir die tintenverschmierten Hände,
ziehe den Mantel über das Jackett
und gehe ungewohnt langsam nach Hause.
Hinkend.
Die Gicht, weißt du?!

Der Fuß passt kaum noch in den Schuh.
Ein Wunder, dass die Nähte nicht bersten.
Als ich heute Mittag die Wohnung
in Richtung Café verließ,
war's noch nicht halb so schlimm.

Ich verfluche die Stimme der Vernunft,
die mir weismachen will,
dass es besser ist, zu Hause zu bleiben,
den Fuß hochzulegen
und an neuen Texten zu arbeiten.
Abtippen.
„Was nützt die ewige Schreiberei,
wenn keiner lesen kann, was du schreibst?"
Na da soll mich doch der Teufel holen!

„Ich schreibe für mich, du Arschloch", keife ich zurück,
"Nicht für eine Illusion!"

Weit ist es nicht.
Nicht einmal ein halber Kilometer.
Das ist zu schaffen.
Und jetzt, wo es dunkel ist,
weil wir fast Dezember haben,
und die Nacht schon um fünf beginnt,
glotzt auch keiner blöd,
wenn du schwerfällig humpelst
wie ein angeschossener Straßenköter
auf dem Weg in deine Pappkistenbehausung.

Ich feiere die Abende nicht mehr.
Das war einmal.
Lange vorbei.
Ich sitze nur noch rum
und starre in die Glotze
oder in ein Buch.

Es ist ruhig geworden im Leben.
Ich feiere nicht mehr
und nenne das Schreiben Arbeit.

„Verlierer",
flüstert's im Schädel.
Ich widerspreche nicht.

(M)EIN KLEINER RAT

Ein Aschenbecher, der noch auf seine Benutzung wartet,
ein Stück Himbeertorte und ein Kaffee,
die kleinen Bläschen drehen sich noch aufgerührt,
harren bald aus
und sind bald weg.
Ein ferner, gemütlicher Barjazz
saxophoniert und klaviert sich aus den Lautsprechern.

Ich fühle mich gut
und stopfe mir eine Pfeife,
denn ich bin endlich wieder flüssig.
Ein Freund borgte mir einen Hunni
und als ich eben bei meinen Eltern war,
schenkten sie mir aus heiterem Himmel
einen Fuffie.
„Und wenn du denkst es geht nicht mehr,
kommt irgendwo was Bares her!"

Du musst der Zeit vertrauen!
Einfach vertrauen
und den Dingen ihren Lauf lassen.
Nicht lamentieren, wenig ningeln.
Dann bist du gesegnet
und das Leben gibt dir, was du brauchst.

Ansprüche darfst du natürlich keine stellen.
Aber verbiete sie dir auch nicht.

Du musst aus einer tiefen Überzeugung heraus
ohne Jagdtrieb und Verlangen sein.

Genügsamkeit!
Ehrliche Genügsamkeit ist wichtig!
Nur die ehrlichste,
innere Genügsamkeit
und das Vertrauen in die Zeit
sind deine Verbündeten.

DER ROTE RONNY

Ich saß wie so oft in meiner Stammkneipe, damals, als es in diesem Kaff noch eine Kneipe gab, in der man rauchen durfte. Ich trank gerade mein drittes Bier, als der rote Ronny reinkam, sich an die Bar setzte und ein Weizen und einen Klaren bestellte.

Bevor er vor gut einem halben Jahr sturzbetrunken im Runden Eck auftauchte, hatte ihn niemand zuvor in dieser Stadt gesehen. Er setzte sich direkt zu uns an den Stammtisch und erzählte allen seine Lebensgeschichte, die so phantastisch war wie ein Roman von Terry Pratchett.

Und wie Säufer nun einmal sind, wenn sie ihre besten Jahre hinter sich haben, ging er uns gehörig auf die Nerven. Er sprach undeutlich, aber schnell, wiederholte alles dreifach, vierfach, erzählte etwas von einer Spedition, die ihm mal gehörte, von einem dicken Konto und einer Frau in Thailand, die er vor drei Jahren geheiratet habe. Wir glaubten ihm kein Wort, gingen aber dennoch auf ihn ein und heuchelten Anteilnahme an seiner Geschichte.

So macht man das doch? Dich schwafelt ein volltrunkener Fremder mit Stories zu und du tust so, als glaubst du ihm jedes seiner Worte. Du sprichst mit ihm, tust erstaunt, wo er Erstaunen erwartet, tust mitleidig, wo er Mitleid erwartet, du tust erfreut und überrascht, wo er Freude und Überraschung erwartet. Du schämst dich für ihn, weil er so hackedicht ist und sich blamiert. Du schämst dich für dich selbst wegen deiner Abwertung. Und du schämst dich, weil du es nicht fertigbringst, ihm ins Gesicht zu sagen, dass du ihm kein Wort glaubst.

Niemand kannte seinen richtigen Namen, also tauften wir ihn Ronny. Denn „Ronny" war kein Name mehr, sondern spätestens seit der Elsterglanz-Parodie auf den Film „300" der Inbegriff eines Klischee-Ossis mit mäßigem Intellekt. „Alles Nullen, de Ronnyfamilie".

Ich will vorwegstellen, dass ich nichts gegen diesen Namen habe. Ich weiß, wovon ich rede. Ich lasse mich seit der zweiten Klasse nur beim Nachnamen anreden, weil mein Vorname auch eher Körperverletzung, im Mindesten aber seelische Grausamkeit ist. Zumindest hier in Thüringen. Hier sagt man nicht Marko und spricht das ehrwürdig hochdeutsch oder gar im ursprünglichen italienischen Klang mit rollendem R.

Hier sagt man „Moorgou", und mit Verlaub, das klingt nicht nur grausig, sondern kitzelt den Brechreiz, breitet sich im Darm aus und lockert den Schließmuskel. Es klingt wie der Begriff für eine abartige Quarkspeise, die seit Wochen offen in der Sonne steht. Es klingt, als bezeichne man einen ekelhaft schleimigen Schimmelpilz.

So gesehen steht also mein Name dem Namen Ronny in nichts nach. Und weil „Ronny" für „Idiot" steht, hatte der Säufer schnell seinen Namen weg. Wegen seiner roten Haare und dem wilden, roten Vollbart war auch der adjektivische Beiname schnell gefunden und die Alliteration verlieh dem Ganzen einen hübschen Klang. Immer noch besser als „Moorgou".

Niemand wusste, wo der rote Ronny wirklich herkam. Einige Tage bevor er zum ersten Mal in der Kneipe aufkreuzte, sah ich ihn im Park hinter dem Supermarkt, da, wo die Eliteeinheit der Alkoholvernichtungsabteilung von morgens bis abends beflissen ihren Dienst ableistet.

Er stand bei den anderen Säufern mit einer Flasche Sternburg in der einen und einer Kunststofftüte in der anderen Hand. Der Nachschubbeutel. Wahrscheinlich gab er auch hier gerade seine Story vom Geschäftsmann und der thailändischen Ehefrau zum Besten.

Falls es stimmt, was er erzählte, bestätigt sich einmal mehr, was diese Kleinstadt ist. Ein schwarzes Loch, das dich an sich zieht, dich in sich saugt und schnell seine zerstörerischen Kräfte entfaltet. Ein menschenfeindlicher Sud ist diese Kleinstadt, der dir die Seele aus dem Leib ätzt und dein Herz vergiftet... Und wo Seele und Herz waren, pflanzen dir die Klauen dieses Monsters eine Flasche Sternburg ein, oder eine Kanne Goldbrand oder eine Bahn billiges, gestrecktes Crystal.

Der rote Ronny war ein abgerissener Typ, höchstens Anfang fünfzig. Er erzählte, dass er aus dem Westen sei, woher genau, hat er nie erwähnt, oder ich hab's vergessen, auf jeden Fall sei er aus dem Westen. Er sprach ein recht gutes Hochdeutsch. In den Neunzigern habe er eine große Spedition besessen. Siebzehn LKWs, „kannst du dir das vorstellen? Siebzehn! Das is ne ganze Menge! Und ich war reich!" - sagte er. Geld spielte keine Rolle. Doch irgendwann verließ ihn seine Frau wegen eines Jüngeren, der noch mehr Geld hatte.

Von da an sei es bergab gegangen. Er verfiel dem Alkohol, verbrachte seine Zeit hauptsächlich in Internetcafés und lernte übers Netz eine Frau in Thailand kennen. Kurz darauf verkaufte er seine Firma, flog nach Thailand, heiratete und lebte dort wie ein König. Doch er stürzte tiefer in Gläser und Whiskeyflaschen und war irgendwann pleite. Von seinem letzten Geld leistete er sich ein Flugticket nach Deutschland, um hier neu anzufangen. Er wollte für sich und seine Frau etwas aufbauen, das Konto füllen und wieder zurück in das südostasiatische Königreich.

Wie um alles in der Welt er ausgerechnet hier in dieser Kleinstadt mitten in Thüringen strandete, wusste er selbst nicht so genau. Oder nicht mehr. „Auf einmal war ich hier", sagte er grinsend und hob belustigt die Schultern.

Von nun an kam der rote Ronny regelmäßig ins Runde Eck und man konnte seinem Verfall förmlich zusehen. Er trug immer dieselben Klamotten, als habe er keine anderen. Und die sahen nie eine Waschmaschine. Löcher und Risse zierten die einst beige Cordhose, das schwarz-rote Holzfällerhemd war inzwischen voller Flecken.

Eines Nachts fand ich ihn schlafend auf einer der Bänke im Park. Er lag mit dem Gesicht in seinem Erbrochenem und hatte sich eingepisst. Ich versuchte, ihn zu wecken, ihn dazu zu bewegen, nach Hause zu gehen, wo auch immer das war, aber er sah mich nur aus halb geöffneten

Augen an und verstand nicht, was ich von ihm wollte. Also ging ich weiter, doch das schlechte Gewissen nagte an mir. So konnte ich ihn doch nicht liegen lassen! Es war Winter, die Temperatur überstieg kaum null Grad Celsius. Er würde dort krepieren. Ich tat, was ich nicht gern tue, aber weil er überhaupt nicht auf mich reagierte, ging ich zur Telefonzelle um die Ecke und wählte die Eins-Eins-Null.

Ohne meinen Namen zu nennen, schilderte ich die Sachlage und wollte schon auflegen, als die brummige Stimme am anderen Ende gereizt fragte: „Und was sollen wir da jetzt machen?"

„Na einen Streifenwagen dorthin schicken, einen Arzt vielleicht, dafür sorgen, dass der Mann in die Obhut seiner Wohnung oder sonst wohin kommt!", antwortete ich ruppig, hängte ein und verschwand.

Ich setzte mich einige Meter entfernt auf eine Bank in der Nähe eines Gebüsches und wartete. Es dauerte einige Minuten, bis der Streifenwagen am Park hielt, zwei Beamte mit Taschenlampe kamen und den roten Ronny zu wecken versuchten. Sie bemerkten mich nicht. Einer der beiden stieß den Schlafenden mit seinem Stiefel und schrie ihn an, dass das hier kein Hotel sei. Nach einer Weile setzte sich der rote Ronny auf. Er war völlig benommen, wusste offensichtlich nicht, wie ihm geschah. Die Cops zogen sich Gummihandschuhe über und trugen ihn zum eben angekommenen Rettungswagen. Er ließ es geschehen, ließ sich einladen und wegfahren. Im Schein der Straßenlaternen sah ich die angewiderten

Gesichter der Beamten, sah, wie sie sich ekelten und hörte, wie sie auf ihn und seinesgleichen fluchten.

Ich hatte den roten Ronny in letzter Zeit selten gesehen. Hin und wieder begegneten wir uns auf der Straße, grüßten uns, aber liefen weiter. Und nun stand er hier im Runden Eck und fragte nach dem Chef. Er war überraschend gut gekleidet, hatte eine neue Jeans an, trug eine beinahe edle Lederjacke und einen dicken, roten Wollschal. Außerdem war sein Gesicht nicht mehr so ausgemergelt, er war rasiert und in seinen Augen funkelte eine Klarheit, die ich bei ihm noch nie gesehen habe.

„Der ist nicht da", sagte ich und er wandte sich an mich. Ob ich Englisch könne, fragte er. Ich verneinte, fragte aber dennoch, was er wissen wolle.

„Na ja, na ja, der Chef übersetzt ... also ... der übersetzt mir immer mal was von ... von meiner Frau. Und sie hat unten jemand', der ihr meine Sachen übersetzt", stotterte er hektisch und überschlug sich fast beim Reden. Hilflos starrte er in die fast leere Kneipe, fummelte dabei nervös an seinem Tablet und wollte etwas sagen, was ihm jedoch nicht recht gelang. „Na zeig mal her!", sagte ich.

Als fiele eine riesige Last von ihm ab, setzte er sich an meinen Tisch und zitterte sein Tablet aus der ledernen Hülle. Manchmal frage ich mich, warum Menschen, die ohnehin kaum Geld haben, unbedingt solche Dinger brauchen. Es schien allerdings tatsächlich etwas an seiner Story dran zu sein.

„Hier. Das hier hat mir meine Frau geschrieben ... vorhin. Sie ist bissl sauer, weil ... na ... na, weil ich nicht kommen kann. Na wegen ... also wegen Weihnachten", sagte er und reichte mir das Teil rüber. Facebook. Eine Unterhaltung. Sie auf Englisch, er in einem astreinen, fehlerfreien Deutsch. Ich versuchte, all meine Kenntnisse zusammenzunehmen und übersetzte vage die zwei Sätze.

„Sie sagt, sie ist traurig, dass du nicht da bist. Und sie sagt, wenn es dir nur um Sex geht, sollst du dir sechzig Euro nehmen, um eine gute deutsche Frau von der Straße zu ficken."

„Also ... also ist sie traurig? Traurig. Nicht ... wütend?" Ich überlegte. „Sad" heißt nicht wütend, oder? Oder doch? Ich hatte keine Ahnung, sagte aber bestimmt: „Nee, traurig steht hier."

Seine Anspannung löste sich ein wenig und er sah fast glücklich aus. „Oh ... ist gut. Sie war sauer, weil ... na weil ich ihr ein Foto von mir geschickt habe. Also na ... also ... die Soldaten ... ich bin kein Soldat ... na ... die Soldaten in Afghanistan ... also ... die Frauen von den Soldaten ... also, die schicken ihren Freunden ja auch immer Bilder von sich ... also ... na ... damit sie ... du weißt schon ... und das hab ich auch gemacht und ... wollte ... also ich ... wollte, auch eins von ihr. Und da ist sie ... also ... da ist sie ... so ein bisschen ... also so ein bisschen ausgerastet, weil ... sie sagt ... na sie sagt ... na dass es ihr nicht um ... Sex geht. Und ich hab gesagt ... also, dass das doch ... also auch ... so bisschen ... also ... na wichtig ist."

Nach jedem Wort schnappte er kurzatmig nach Luft wie ein Asthmatiker, redete schnell und stolperte im Sprechen über jedes zweite Wort. Aber er war kein typischer Stotterer. Ich kenne Stotterer, die reden anders. Er überschlug sich nur so, weil er so aufgeregt war, weil sein Herz das Blut mit 160 BPM durch seine Venen jagte.

„Aha", sagte ich, „das scheint sich ja jetzt erledigt zu haben." Ich wollte ihm nicht sagen, dass das, was ich da gelesen hatte, schon nach Wut klang. Und wenn ich eins und eins zusammenzählte, dann war der zweite Satz Ausdruck tiefsten Ärgernisses und ungefähr so zu verstehen: „Wenn es dir ums Ficken geht, dann such dir doch ne deutsche Schlampe, gib ihr sechzig Euro und fick sie, du Arsch!".

Ich sagte nichts. Er sah so glücklich aus, als er sich bedankte und verschwand. Ich hatte Mitleid mit ihm, wie ich oft Mitleid mit den Ausgestoßenen habe, mit den Verlierern und Verlachten.

Zumindest die thailändische Frau gab es also tatsächlich. Ob die beiden wirklich verheiratet waren, erfuhr ich nicht. Denn nachdem sich der rote Ronny verabschiedete, habe ich ihn nie wiedergesehen. Nicht im Runden Eck, nicht im Park hinter dem Kaufland, nicht auf den tristen Straßen, in den dunklen Gassen und auch nicht an den anderen Plätzen, wo sich die verschiedenen Trinker-Cliquen der Stadt für gewöhnlich trafen. Noch heute frage ich mich oft, was wohl aus ihm geworden ist. Hatte er den Absprung geschafft? Hatte er sich vielleicht ein Ticket leisten und zurück zu dieser Frau fliegen können? Oder war doch alles nur eine Lüge, eine Geschichte, mit der er meinte, hier im Kaff der guten Hoffnungen Fuß zu fassen? Eine Geschichte, die in vielen Menschen Mitleid hervorrief. Vielleicht gab ihm dieses Kaff doch weniger Hoffnung als anderen, die manchmal, wenn der Sommer über der Stadt lag, selbst hier wirkliche Hoffnung fanden. Denn der Sommer vermag es, selbst ins dunkelste Loch ein bisschen Licht zu bringen, ein bisschen Wärme und das Gefühl, am Leben zu sein. Der rote Ronny kam im Sommer. Und er ging im Winter. Vielleicht war er auch nur ein Reisender. Einer, den es nirgends lange hält. Einer, der von Stadt zu Stadt, von Kaff zu Kaff zieht und irgendwann merkte, dass eine gute Geschichte der Schlüssel zu den Türen der Menschen ist.

Die Säufer und Abgehängten blieben, was sie schon immer waren. Säufer und Abgehängte. Von ihnen würde sich bald niemand mehr an den roten Ronny erinnern. Aber ich dachte noch lange an ihn und daran, ob seine Story nun stimmte und vor allem: wohin es ihn verschlagen hat.

DER LAUF DER DINGE

Wir saßen in meiner Bude,
hörten irgendwelchen Punkrock
und tranken Bier.
Er schwieg fast eine Stunde lang,
starrte stumm auf irgendwas,
das an der vom jahrelangen Rauchen
vergilbten Wand sein musste.

Als es mir zu bunt wurde,
sagte ich forsch:
„Nun rück schon raus mit der Sprache.
Was ist los?"

„Das Übliche", sagte er leise.
„Gezeter und Geschrei,
immer wieder das Gleiche:
Such dir ne Arbeit!
Hilf mir im Haushalt!
Kümmer dich mehr um die Kinder!
Hör auf zu saufen!
Mach ne Therapie...!"

„Ich glaub, sie will mich nicht.
Sie will ein Ideal, ein Modell,
verstehste?
Alle wollen immer nur das Modell
und die kleinste Abweichung vom Ideal frustriert sie.

Und dann versuchen sie an dir rumzudoktern
oder dir n andres Leben antherapieren zu lassen.
Das hat alles keinen Sinn!
Monogamie ist der Kontrapunkt der Liebe."

Er ließ den Kopf hängen,
starrte nun auf den großen Rotweinfleck
auf dem Teppich,
atmete tief ein,
laut aus...

Dann exte er sein Bier,
machte sich ein neues auf
und sagte:
„Kann ich ne Weile bei dir wohnen?"

SZENE AM MITTAG

Durchs Café schwirrt ein bassbegleitetes Saxophon.
Vorhin sprachen
zwei junge Dinger Sido mit,
als der Berliner Verdreher
seinen Möchtegernrap aus den Boxen schob.

An der Kuchentheke steht ein älterer Herr
und reserviert für morgen vierzehn Plätze
und buchstabiert seinen Nachnamen
und nimmt sich dabei viel zu wichtig.
Paula, Anton, Toni, Zeppelin ... und so weiter.

Eine Alte kommt
und bestellt ein Brot
- unbemehlt!

Die jungen Dinger kauen
und reden mit vollen Mündern.

Meine Pause ist schon wieder vorbei,
ich überziehe absichtlich,
ich rauche die Pfeife heiß,
und sehne mich gen Feierabend.

Den Kaffee muss ich anschreiben lassen.
Kein Geld.
Die, die mir Geld schulden, lachen

und ich schäme mich,
kein Geld zu haben.

Noch drei Stunden bis zur Couch.
Am Himmel malt ein Flugzeug
verschwörungstheoretisch -
weiße
Streifen.

Die jungen Dinger lachen.
Das Saxophon ist müde geworden.
Die Pfeife ist ausgeraucht.

Müde, schlapp und winterdeprimiert.
Was um alles in der Welt mache ich hier?
Ich sollte unterwegs
und längst betrunken sein!
Was will man denn sonst machen
mit seinem kleinen Leben?

SZENE AN DER KASSE

Ich stand an der Kasse eines dieser Discounter,
die sich wie Pilze
über ganz Europa ausbreiten.
Einer dieser Discounter,
die eher vierte, als dritte Wahl sind.
Immer etwas schmuddelig,
etwas abweisend,
Obst und Gemüse in den Auslagen,
oft gammlig,
sodass das „schöne Licht"
auch nicht zum Kaufen animiert,
obwohl es die Waren besser aussehen lässt,
als sie tatsächlich sind.

Eine lange Schlange bildete sich
an der Kasse, die nur sporadisch besetzt war,
weil das Personal neben dem Kassendienst
auch die Regale zu bestücken,
das Lager im Auge zu behalten,
Waren anzunehmen
und Putzdienste
zu leisten hatte.

Wir standen ein paar Minuten,
die Schlange wurde immer länger
und vorn an der Spitze
verlor der untersetzte Alte

mit der Ernst-Thälmann-Mütze,
der schon die ganze Zeit
von einem aufs andere Bein tänzelte,
die Nerven.
Seine knollig rote Spritnase war
von tiefen Kratern übersät.
Er deutete in Richtung Ladenfläche
und mit kratziger Stimme hob er an,
seiner Wut Lauf zu lassen:

„Könnse vielleicht ma ne Kasse aufmachen
in diesem beschissenen Saftladen hier?!",
schrie er und spuckte dabei
auf das Sterni vor ihm auf dem Band,
den billigen Korn
und das Fertigmenü
(Kartoffelpüree mit Sauerkraut & Thüringer Würstchen).

Kurz darauf kam eine Kassiererin,
grüßte nicht,
zog mürrisch die Waren über den Scanner
und wischte sich immer wieder
den Schweiß von der Stirn.

„Ich werde mich bei Ihrem Chef beschweren!",
motzte der Alte.
„Mach doch!",

sagte die Kassiererin,
während sie die Stirn krauszog
und den Rentner nicht eines Blickes würdigte.

Ich ging gern hier einkaufen.
Und manchmal fragte ich mich:
Warum sind es eigentlich immer die Rentner
und Arbeitslosen,
die meinen, man stehle ihnen Zeit,
wenn sie mal an der Kasse warten müssen?

MIESER JOB

Vor ein paar Jahren
schuftete ich mal als Lagerist und Packer.

Das war so ein Internet-Versand
und der Chef verhökerte vorwiegend
ausrangierten Army-Kram
und verdiente sich ne goldene Nase damit.
Als er mich am ersten Tag vor der Bude eines Kumpels,
bei dem ich einstweilen unterkam,
abholte,
laberte er mich direkt damit zu,
was er alles schon gemacht hatte,
um reich zu werden.

Alles was er anfasste, gelang.
Selbst den BWL-Abschluss ergaunerte er sich
mit seiner Kohle.

Als wir auf diesem Dreiseitenhof ankamen,
führte er mich durch die riesigen Scheunen,
in denen seine Ware lag.
Meterhohe Berge mit Uniform-Mänteln,
Jacken, Hosen, Schuhen, Dosimetern,
Paddeln, Blaumännern, Schlafsäcken, Polyluxen,
Mikrofilmlesern und etliches mehr.
„Schätz mal, was hier für'n Wert liegt",
sagte er, als wir in seinem Büro waren

und ich Kaffee kochte.
„Keine Ahnung", sagte ich,
„vielleicht dreihunderttausend?"
Da fing er an, schallend zu lachen.

Der Chef war ein Hüne von einem Mann.
Locker zwei Meter groß
und sportlich. Seine Glatze war natürlich,
da hatte ein Rasierer lange schon
nicht mehr nachhelfen müssen,
obwohl er erst 39 war.

„Da kannste aber mal locker noch ne Null dranhängen!",
prahlte er, als er sich hinter seinen Schreibtisch setzte
und mir erklärte,
wie es hier vonstatten ging:
„Morgens lege ich euch
die Bestellungen in den Packraum.
Die listet ihr dann erstmal auf,
sammelt das Zeug in den Lagern zusammen
und dann wird genäht,
geschrubbt, geputzt, repariert
und anschließend gepackt und gepolstert.
Es gibt drei Kategorien: neu, neuwertig und gebraucht.
Wichtig ist, aus den letzten zwei Kategorien
immer die erste zu machen.
Also häng dich rein, alles muss wie neu sein.
Am Nachmittag komme ich zur Kontrolle,
bevor der Kram dann in die Postwagen kommt."

Anfangs stand ich mit dem langjährigen Mitarbeiter
auf einer Stufe.
Auch wenn ich noch angelernt wurde,
hatte ich alle Privilegien, die er genoss.
Doch nach und nach reduzierte der Chef das alles
aus mir unerfindlichen Gründen.
Vielleicht arbeitete ich ihm nicht schnell genug,
vielleicht störte er sich an meiner morgendlichen Fahne,
dem typischen Geruch von Restalkohol.
Beschwert hatte er sich nie.
Aber plötzlich musste ich
mit der Bahn zur Arbeit fahren,
während er meinen Kollegen mit dem Benz abholte.
Wir wohnten alle in derselben Stadt!
Dann hatte ich einmal die Woche
seine Karre zu putzen.
Dann wurde die Mittagspause gestrichen.
Dann durfte ich nicht mehr im Packraum rauchen,
während er und der Kollege sich
eine nach der anderen ansteckten.
Dann zog er mir plötzlich jeden Fehler vom Lohn ab.
Dann durfte ich auf dem Hof nicht mehr rauchen.

Als er eines Tages
eine Kamera in den Lagern installierte,
um zu sehen, ob ich auch richtig arbeite,
platzte mir der Kragen.
Ich zündete mir eine Zigarette an,
stieg auf den Berg aus Marine-Mänteln,

grinste rauchend in die Kamera
und pisste auf den Mont Klamott.

Kaum hatte ich meinen Schwanz wieder in der Hose,
stand er auch schon in der Scheune
und schrie wie am Spieß:
„Was issn in dich gefahren, du dummer Wichser?
Komm da runter und lass dir in die Fresse hauen!"
Ich schnippte meine Kippe in seine Richtung,
zog das Cutter-Messer aus der Tasche
und stieg nach unten.

„Sklave K. hat keinen Bock mehr,
Sklave zu sein", sagte ich ruhig.
„Mach einen Finger krumm
und ich stech dich ab, das schwör ich dir!"

Rückwärts, ihn nicht aus den Augen lassend,
ging ich zum Ausgang,
dann zum Supermarkt nebenan,
um mir ein paar Sixpacks zu holen
und meine neu gewonnene Freiheit zu feiern.
Ich betrank mich königlich,
denn ich wusste,
dass das vorerst das letzte Mal gewesen sein wird,
weil das Amt nun drei Monate nicht zahlen würde...

JEKYLL UND HYDE

Wenn ich, was hin und wieder vorkommt,
nüchtern durch meine Notizbücher blättere,
fällt mir immer wieder so ein Typ auf,
der mir verdammt ähnlich ist,
aber so weit von mir entfernt,
dass ich mir nur schwer vorstellen kann,
wie ich diesen Typen meinen Mitbewohner nenne.

Dieser Typ ist es,
der mein Geld verdient,
mein Fressen liefert,
mit meiner Frau schläft
und so undeutlich schreibt,
dass ich jedes zweite Wort erraten muss.

Er ist es, der mir die Ehe mit mir selbst versaut
und sich einen feuchten Dreck um mich schert.
Und er trägt auch noch meinen Namen,
dieser Säufer,
diese personifizierte Unvernunft,
dieses Subjekt,
das Fluch und Segen ist,
körperliches Siech-
und geistiger Reichtum.

Erst neulich blätterte ich
wieder einmal durch die Notizen,

weil ich gefragte wurde,
ob ich für eine größere Zeitung schreiben wolle.
Also suchte ich nach fertigen Sachen,
schickte ein paar Texte und in der Antwort hieß es:
„Nicht schlecht. Schicken Sie mir mehr davon."

Und so wühlte ich mich tiefer in die Skizzen,
durch diese unleserlichen Worte und Sätze,
las von und über diesen Typen und dachte:
„So sehr ich ihn hasse,
so sehr liebe ich ihn auch."
Und plötzlich durchbrach eine gewisse Achtung
die Abscheu vor diesem Mitbewohner,
der meinen Namen trägt und ich dachte:
„Es ist Mr. Hyde ...
holen wir ihn aus seinem Versteck ...
schenken wir ihm Dankbarkeit ...
lassen wir ihn frei ...
geben wir ihm einen Stift ...
ein Notizbuch ...
auch, wenn wir es morgen einmal mehr
bereuen werden..."

DAS ERSTE GEBET

„Ihr Kalender lag noch offen auf dem Küchentisch",
erzählte er mir.
„Da standen noch Termine für diese Woche.
Dienstag Frauenarzt,
Mittwoch Arbeitsberatung,
Donnerstag Elternabend im Kindergarten.
Mehr konnte ich mir nicht ansehen."

Die Rede war von seiner Frau.
Neun Jahre waren sie zusammen.
Neun Jahre, in denen sie kaum einen Tag
ohne einander verbrachten.
Neun Jahre, in denen sie das wohl
harmonischste Paar waren,
das ich je kannte
und damit meine These widerlegten,
dass Liebe nicht von Dauer ist.
Drei Jahre zuvor bekamen sie einen Sohn
und nun war ein weiteres Kind im Anmarsch.

Sie waren der Inbegriff einer angepassten Familie,
ohne spießig zu sein.
Kein Reihenhaus, aber eine große Wohnung.
Kein Reichtum, aber beide hatten einen guten Job
und hielten mich immer wieder mal aus.
Keine Pärchenpartys,
sondern regelmäßige Umtrünke

nach guter alter Tradition,
wenn der Kleine bei den Großeltern war.
Keine Allüren, aber auch keine großen Ausbrüche.
Keine fetten Urlaube, dafür aber immer ein bisschen Geld
für die Freunde, die es nicht so dicke hatten.

Und nun saß er vor mir, mein Kumpel Tom.
Er heulte, wie ich noch nie einen Mann habe heulen hören
und versuchte, weiterzureden:
„Kannst du dir das vorstellen...?"
Das Heulen wurde ein Wimmern,
das Wimmern ein Schluchzen,
es dauerte eine Weile, bis er Kraft und Luft hatte,
weiterzureden und als er diesen Satz aussprach,
lag in ihm nichts als die pure Verzweiflung,
die mir durch Mark und Bein ging:

„Ich habe meine Familie verloren!"

Am Tag zuvor,
der Kleine hatte hohes Fieber
und der Typ in der Rettungsleitstelle
sagte nur: „Da müssen sie warten,
wir haben gerade keinen Krankenwagen da."

Großstadt ... so viele verschiedene Rettungsdienste,
hunderte Ärzte und Sanitäter,

aber Wochenendabende in einer Großstadt
waren auch Akkordarbeit
für die Mediziner.

Also fuhren Toms Frau und Sohn
mit dem eigenen Auto zur Notaufnahme,
gerade mal acht Kilometer entfernt.

Der Typ im aufgemotzten BMW,
der die rote Ampel nicht sah
oder nicht sehen wollte
oder nicht konnte
hatte zwei komma neun auf dem Turm
und am Ende nur ein paar Schrammen.

Die beiden Autos standen in sich verkeilt
mitten auf der Kreuzung.
Da war nichts zu erkennen außer einem Haufen Schrott.
Das Bild des Unfalls
ging am nächsten Tag durch die Medien.
„Mutter und Kind sterben
auf dem Weg ins Krankenhaus",
lautete die Überschrift.

Ich hatte noch nie etwas mit Religion,
mit irgendeinem Gott zu tun,
aber an diesem Tag,
zum ersten Mal in meinem Leben, betete ich.
Ich betete, dass beide keine Schmerzen erlitten hatten,

dass sie auf der Stelle
tot
waren.
Und ich betete,
dass Tom diesen unermesslichen Verlust
ertragen und verarbeiten würde.

Schaffte er nicht.
Nur zwei Monate später
folgte er ihnen.

FREDDI HAT DOCH ANGST VOR FRAUEN

Das Runde Eck, diese stets verrauchte und auch deshalb so wunderbare Kneipe, war beinahe leer, als ich an jenem Abend reinkam.

Kaum dass ich meinen Platz an der Bar eingenommen hatte, stellte mir Olaf wortlos mein Bier auf den Tresen. Ich liebe dieses Stammgastdasein. Es braucht nicht viele Worte und egal, was für eine Laune dein Wirt hat, egal, wie gut oder schlecht du drauf bist, du weißt, wo du hingehörst und dass du verstanden wirst. Du musst nicht viel reden und diese seltsamen Beklemmungen, wenn in einer Runde keiner etwas sagt, treten gar nicht auf. Du hast deine Ruhe, wenn du deine Ruhe haben willst oder bist blitzschnell in einer Diskussion, wenn du Redebedarf hast. Und wenn sich die Kneipe abends füllt, ist es, als wenn sich eine große Familie nach getanem Tagwerk, wie auch immer das aussah, gemeinsam an den Tisch setzt und füreinander da ist.

Kurz nach fünf war es schon. Draußen erhellte nur noch das orangene Licht der Straßenlaternen das Bild des ereignislosen Sonntagabends eines noch ereignisloseren Februars irgendwann Mitte der 2000er. Ein lebendiges Stillleben. Und auch im Runden Eck war es nun leer. Die Nachmittagsgäste gingen allmählich nach Hause und für die Abendgäste war es noch zu früh. Ich nannte diese Zeit zwischen fünf und acht „die leere Stunde", im Wissen, dass es sich genau genommen um drei

Stunden handelte. Meist las oder schrieb ich in dieser Zeit, denn hier hatte ich Ruhe. Hier beengten mich auch nicht die vier Wände meiner Kate, die mir schon lange auf den Geist ging. Ich hasste es, zuhause zu hocken in diesem dunklen Loch und zog es vor, lieber ein paar Euros pro Abend für Bier auszugeben, als auf der Couch zu hocken und vergebens gegen die Müdigkeit zu kämpfen, die mich überkam, sobald ich meine Wohnung betrat, unabhängig von der aktuellen Tages- oder Nachtzeit.

Endlich war es still. Ich hatte Kladde und Stift gerade zurechtgelegt, um die zwei Sätze aufzuschreiben, die mir seit einigen Minuten durch den Kopf gingen. Meist begannen genauso meine Texte. Zwei Sätze, die wie eine Zugmaschine viele weitere nach sich zogen.

Ich trank meinen ersten Schluck, blickte auf und sah Freddi draußen vorbeihinken. Wegen der neongelben Bauarbeiterjacke mit den fluoreszierenden Streifen an Ärmeln und am unterem Rand, die er immer trug, war er kaum zu übersehen. Gerade in diesem orangenen Licht der Straßenlaternen leuchtete er wie eine Fackel in mondloser Nacht.

Freddi war einer der Stammgäste. Obwohl Stammgast das falsche Wort ist. Mitbewohner wäre der bessere Begriff, denn Freddi war eigentlich immer da. Er half hin und wieder an der Theke aus und übernahm einige Hausmeisterarbeiten. Im Sommer kurbelte er die von Wind und Wetter ausgebleichten Markisen morgens aus- und abends wieder ein, im Herbst befreite er die Straße von Laub und im Winter von Schnee und Eis. Und Freddi war auch stets der erste im Runden Eck, nach dem Wirt, der die Stühle hochstellte, kehrte und wischte, die Stühle wieder runter stellte. Damit verdiente er sich sein Bier, denn Freddi hatte kein Einkommen.

Freddi ... „der mit dem Dachschaden". So nannten sie ihn hier in der Stadt. Freddi, der analphabetische Sonderling, der meint, unverzichtbarer Feuerwehrmann zu sein und des Nachts auch gern mal als Zivibulle durch die Straßen und Parks der Kleinstadt streifte. Natürlich in dezentem Abstand zu den beobachteten Elementen.

Ich sah eine Weile zu, wie er draußen an der Kneipe auf und ab hinkte. Das tat er seit Tagen. Hinken... Völlig übertrieben zog er sein linkes Bein nach, steif und so auffällig gekünstelt, dass man nicht umhinkam, zu lachen. Zumindest erhielt er so Aufmerksamkeit.

Aufmerksamkeit, die er nur bekam, wenn er Mitleid erregte. Das hatte er so gelernt. Ein intelligenzgeminderter Mensch, der sich frei bewegt, der sich halbwegs artikulieren kann, ist nicht „behindert" oder geistig retardiert, wie man sagt. So einer ist maximal ein „Dummer", eben einer, der einen Dachschaden hat. So einer wird nicht ernst genommen. So einer wird ignoriert. Oder ausgelacht. Oder verprügelt. Meist aber ignoriert. Und deshalb erfand Freddi Verletzungen und Geschichten von Ausbeutung durch Krankenkassen, Ärzte und Betreuer.

So gingen wenigstens eine Handvoll Menschen auf ihn ein, auch, wenn völlig klar war, dass er log.

Seit Wochen erzählte Freddi, dass er „morgen ins Krankenhaus" müsse. Er könne kaum laufen und humpelte theatralisch, sobald er in Sichtweite des Biergartens kam, um sich an Tisch zwei zu setzen. Und das tat er ebenfalls mit einem so übertriebenen Stöhnen, einem solch schmerzverzerrten Gesicht, dass man meinen konnte, ihm bei Sterben zuzusehen. Dabei hielt er sich das Knie und bestellte gleich zwei Bier, weil er das erste „Nachmittagsbier", wie er es nannte, grundsätzlich in einem Zug austrank.

Auch ich war einer dieser ignoranten Menschen, der sich höchstens mal mit ihm unterhielt, wenn es darum ging, sich über ihn lustig zu machen. Auch mich hatte er erst durch seine Knie-Geschichte auf sich und darauf aufmerksam gemacht, dass er ein Mensch war, nicht die stadtbekannte Institution „Freddi – der mit dem Dachschaden".

Freddi, den man wild tanzend auf der Bühne der örtlichen Diskothek bei YouTube sehen konnte, aufgestachelt von einer tobenden Meute, die sich daran ergötzte, wie er sich zum Vollhonk machte.

In diesen Videos war zu sehen, wie Freddi glaubte, der Applaus und die Pfiffe würden ihm und seinen Tanzkünsten gelten, die nichts Anderes waren als ein Zeugnis schwerwiegender, taktloser Bewegungsunfähigkeit. Er wurde aufgepeitscht durch die gezückten Handys, die Blitzlichter der auf ihn gerichteten Kameras, die

Zurufe und Sprechchöre „Freddi, Freddi, Freddi!" die ihn anfeuerten und immer wieder „tanzen" ließen. Immer wilder wurde er, immer schneller seine Bewegungen, immer peinlicher sein Zappeln und Zucken wie ein Derwisch in tiefster Trance. Für ihn war es das Rampenlicht. Er war der Star, den alle liebten, dem alle zujubelten, in seiner Welt, während die Meute bloß dastand, ihn auslachte und Wetten über die Klicks bei YouTube abschloss, noch bevor die Videos überhaupt hochgeladen wurden.

All das wurde mir hier erst bewusst. Erst hier in der Kneipe wurde mir klar, dass auch ich, wie die meisten Menschen, ein ignorantes Arschloch war.

Ich erinnerte mich an eine Begegnung mit Freddi, ging rüber an einen der Tische, nahm den Stift und begann zu schreiben:

Vor einigen Jahren spazierte ich mit Janine und Sandra, zwei Freundinnen, durch die Kleinstadt. Es war eine laue Sommernacht. Wie so oft in solchen Nächten packten wir einen Rucksack mit jeder Menge Bier und Wein, spazierten durch den Ort und ließen uns irgendwann auf irgendeiner Bank eines Parks nieder, der eher eine größere Verkehrsinsel war. Ein Fleckchen Grün mit ein paar Bänken zwischen zwei Straßen, die Nachts kaum ein Auto passierte. Mit voranschreitender Uhrzeit wuchs um uns herum eine beachtliche Sammlung leerer Flaschen. Aus dem

Kassettenrekorder, den wir einen Tag vorher auf dem Sperrmüll gefunden hatten, dröhnte dumpf irgendein schlechter Punkrock.

„Psst ... seid mal still!", unterbrach Janine plötzlich unser Gespräch darüber, dass es heutzutage keinen guten Punkrock mehr gab. „Da steht doch jemand!", sagte sie und wies mit dem Kopf in die Richtung, wo der kurze Parkweg in der Dunkelheit verschwand. Ich hatte schon länger das Gefühl, dass da drüben jemand war, der uns belauschte. Allerdings schob ich es auf den Alk und ignorierte diese Eingebung. Und im schwachen Schein der Straßenlaterne hüpfte tatsächlich in diesem Moment ein Schatten ins schützende Schwarz eines Holunderstrauches.

„Ich geh' mal nachsehen", sagte ich, obwohl ich auch ein bisschen Schiss hatte. In diesem Kaff gab es einige Faschos, die sich ab und zu eine Nase gönnten, was ihr ohnehin hohes Aggressionspotential verdoppelte. Und wir waren bereits das ein oder andere Mal zum Ziel der geöffneten Frustrationsventile geworden. Aber Alkohol macht bekanntlich nicht nur betrunken, sondern auch mutig. Und es war ja nur ein Schatten, nur eine Person, und wenn irgendwelche Leute vorgehabt hätten, uns zu schaden, dann hätten sie es längst getan. Außer den Faschos und anderen komischen Typen auf komischem Stoff, gab es hier keine wirklich ernstzunehmenden Bedrohungen. Die Cops vielleicht noch, aber auch die hätten uns nicht so lange beobachtet ohne aufzutauchen, die obligatorische Personenkontrolle durchzuführen, die Taschen und Rucksäcke auf Drogen und Waffen zu filzen und uns aufzufordern, unseren Müll aufzusammeln.

„Sei bloß vorsichtig!", sagte Sandra. Die beiden Mädels hatten tatsächlich Schiss.

„Klar! Ich mach sie alle platt!", witzelte ich, baute mich auf und stolzierte in Richtung Straße, dem mysteriösen Schatten entgegen, als ich aus der Dunkelheit eine flüsternde Stimme vernahm: „Einer kommt her, over! Ich brauche Verstärkung, over!" Dieses Flüstern klang ängstlich und unsicher. Die Nervosität des vermeintlichen Cops kam mir seltsam vor.

Ich ging der Stimme nach, die mir bekannt vorkam und entdeckte Freddi, der sich in einer dichten Hecke versteckt hielt, die den Park von der Straße trennt. In seiner Hand hielt er ein uraltes Mobiltelefon, das er sich wie ein Walky-Talky vor den Mund hielt und mit dem er seine imaginären Kollegen über seine Entdeckung informierte: „Er hat mich gesehen! Abbruch! Abbruch!", stammelte er hektisch in sein Funk-Alcatel von der Größe eines dieser Autotelefone aus schlechten Achtziger-Jahre-Filmen. Dann sah er mich mit panischem Blick an und sagte so drohend es ging: „Ich habe Verstärkung angefordert!"

„Ja und bis die da ist, kannst du doch ein Bier mit uns trinken. Ich verrate deinen Kollegen nichts", sagte ich beruhigend. Freddi kroch aus seinem Versteck und zitterte am ganzen Leib. Unsicher und verängstigt stand er vor mir und sah aus wie ein kleiner Junge, der sich gerade vor seiner strengen Mutter in die Hosen gemacht hat. Allein das Wort „Bier" war bei Freddi, wie bei vielen Leuten hier in der Kleinstadt, ein Lockmittel. Und wenn der Satz „Ich geb' eins aus" folgt, dann werden selbst aus Feinden Freunde. Und so hatte Freddi schneller Feierabend, als er dachte, gab seinen Observationsjob auf und gesellte sich vorsichtig zu uns.

Lange blieb er allerdings nicht, denn in unseren Gesprächen ging es irgendwann um Ex-Freunde und -Freundinnen, wir kamen auf das Thema Sex, und Freddi hielt sich die Ohren zu. Wieder musste ich an den kleinen Jungen denken, jetzt mit frischen, trockenen Hosen, der dem strengen Dekret der Mutter folgt, bei „bösen Wörtern" wegzuhören. Ficken, Schwanz, Möse, ja, selbst das Wort Kondom schirmte er mit seinen Händen von den Ohren ab. Apathisch begann er vor sich hin zu murmeln, die Hände seitlich an den Kopf gepresst und wie im Wahn seinen Oberkörper vor und zurück zu bewegen, als litt er an Hospitalismus.

Wir machten uns einen Spaß daraus, das Gespräch immer schmutziger werden zu lassen. Und als ich ihn fragte, ob er noch nie so richtig gefickt hatte, schnellte er hoch, schrie: „Ihr seid Schweine!", und rannte davon. Zugegeben, keine schöne Aktion. Aber das ist König Alkohol, der Verführer zum Frevel. Der Turm zum Sprung in die Gemeinheit.

Als hätte ich ihn mit dieser Anekdote gerufen, saß Freddi plötzlich neben mir und redete und redete und redete auf mich ein. Meine Bitte, mich noch fünf Minuten in Ruhe zu lassen, weil ich gerade schrieb, ignorierte er. Wie sollte er auch verstehen, dass Schreiben eine Sache ist, die Konzentration braucht?

„Eigentlich muss ich heute wieder ins Krankenhaus. Wegen mein' Knie, du weißt doch. Das is frisch operiert und jetz is da n Loch drin. Aber ich geh da nich nochma hin, die ham doch alle keene Ahnung!" Außerdem habe er kein Geld für den erneuten Eingriff. Einhundertvierzig Euro müsse er bezahlen. Habe er nicht. „Habschnich!", sagte er.

„Und gestern is mein Kumpel gestorbm ... Herzinfarkt.", erzählte Freddi weiter und brach plötzlich in Tränen aus und wieder sah ich den kleinen Jungen, der er eigentlich war, auch, wenn der in dem dürren, ausgezehrten Körper eines Fünfzigjährigen steckte.

Da saß er neben mir, glotzte mich aus nassen Augen an, die über seine schmutzigen Brillengläser lugten, den Kopf leicht nach vorn geneigt. Ich aber schrieb einfach weiter, auch, wenn ich mir schlecht dabei vorkam, ihn so zu ignorieren, ihn da so gnadenlos sitzen und in die Leere der Kneipe heulen zu lassen.

Solche Situationen haben mich schon immer überfordert. Sofort baute sich in mir ein rastloser Druck auf. Ich weiß weder, was ich tun, noch was ich sagen soll. Ich sitze dem

Verzweifelten gegenüber wie ein Autist, werde nervös, kann mich aber nicht aus der Lähmung befreien.

Olaf, der Wirt des Runden Eck, kam gerade aus dem Keller, sah Freddi da sitzen, dieses mitleiderregende Häuflein Elend, und fragte ihn locker, was los sei. Freddi brach völlig zusammen, schluchzte und schien einem Nervenzusammenbruch nahe, stammelte irgendetwas von seinem Knie, von dem verstorbenen Freund, seinem Portemonnaie, das er letzte Woche verloren habe, in dem noch sechzig Euro waren. Er war völlig aufgelöst, stand auf, ging in seiner Verzweiflung auf Olaf zu, der ihn in den Arm nahm, ihm den Rücken tätschelte und dabei so Sachen sagte wie: „Richtig Freddi ... heul mal richtig, das ist gut."

So einfach ist das. Ein banaler Satz. Wäre mir nicht eingefallen. Neun im Grunde nichtssagende Worte und Freddi beruhigte sich, setzte sich, trank sein Bier aus und ging. Glücklich, seinen Schmerz irgendwem mitgeteilt haben zu können. Wem sollte er es auch sonst erzählen? Freddi ist ein Trottel. Einer, der einen Dachschaden hat. Einer, den man kaum versteht, der die billigsten Arbeiten verrichtet, sich in der örtlichen Disko hin und wieder zur Feile macht.

Und doch war Freddi ein ganz normaler Mensch. Ein Wesen, das nicht immer nur lacht und Blödsinn erzählt, sondern lebt, atmet, fühlt und eben auch Leid mit sich herumträgt und Schmerz. Vielleicht sogar ein

Quäntchen mehr Schmerz und Leid, als wir „normalen" Menschen, weil er spürte, dass er abgelehnt und ausgelacht wurde. Und das spürte er durchaus.

Und nun saß er wieder neben mir. Anfangs war er schweigsam. Klagte nur hin und wieder über die Schmerzen in seinem Knie. Nach vier Bier und sechs Kurzen taute er auf und wiederholte monoton, als spreche er ein Gebet, dass er am nächsten Morgen operiert werde und alles selbst bezahlen müsse. Ich legte meine Kladde beiseite und fragte ihn, ob er denn nicht krankenversichert sei?

„Die zahln nich mehr, die von der AOK, die zahln nich mehr."

„Na ja, aber warum?", fragte ich „hast du keinen Betreuer, der sich darum kümmert?"

„Zu tun! Der hat immer zu tun. Voller Kalender, immer voll, keine Zeit hatter, immer zu tun...", sagte er.

„Aber es ist sein Job, sich um solche Sachen zu kümmern", sagte ich und wusste, dass er übertrieb, dass er mit diesen Münchhausen-Stories Aufmerksamkeit zu wecken versuchte.

Freddi redete weiter und redete und redete. Von seinem Onkel, seinem Betreuer, seinem Knie und den Pfuschern von Ärzten, die ihm das alles eingebrockt hatten. Er redete davon, nach Berlin zu fahren, sich dort operieren zu lassen, und dass es ihm scheißegal sei, wieviel Geld er dafür bezahlen müsse.

Dann fiel ihm die junge Frau auf, die mit ihrem Freund zwei Tische neben uns saß. Ich hatte die beiden erst nicht wahrgenommen und fragte mich kurz, ob sie schon die ganze Zeit da saßen oder eben erst reingekommen waren.

Ein gut aussehendes, schlankes Mädchen, vielleicht Anfang zwanzig, mit weichen Gesichtszügen und langen blonden Haaren. Ihr Typ war ein sportlicher Gleichaltriger in Jogginghose und Baseballjacke.

Freddi war plötzlich wie ausgewechselt. Aus dem schwerkranken Pessimist wurde ein lebensfroher Schürzenjäger. Er sah an mir vorbei, starrte sie an und flüsterte: „Das is aber auch ne süße Schnecke!" Allerdings flüsterte er so laut, dass sie es mitbekam. Sie hielt inne, als wolle sie horchen, ob da noch etwas kam, redete dann aber weiter mit ihrem Gegenüber.

Freddi bekam das nicht mit. Freddi bekam so was selten mit. Ob sie Kinder habe, fragte er mich und ich antwortete, dass ich sie nicht kannte. Er wendete seinen Blick ab, seine Miene verfinsterte sich und er starrte aus dem Fenster auf den Biergarten, der in dem Licht der Laternen irgendwie schmutzig wirkte. Dabei bewegte er seinen Oberkörper apathisch vor und zurück. Als hätte eine fremde Macht von ihm Besitz ergriffen, wurde er ganz still.

Ich drehte mir eine Zigarette, das Paar neben mir unterhielt sich, und ich wollte schon wieder zum Buch greifen, als Freddi leise, wie mit fremder Stimme, sagte: „Hab Angst vor Frauen. Hab Angst vor Frauen!"

Seine Bewegungen wurden ekstatischer. Vor, zurück, vor, zurück … immer schneller wurde er … vor, zurück, vor, zurück, immer und immer schneller und wiederholte dabei leise, als wolle er irgendwen beschwören: „Hab Angst vor Frauen, Angst vor Frauen."

„Warum denn?", fragte ich und wusste nicht recht, weswegen ich fragte. Vielleicht wollte ich ihn aus seiner Trance reißen, die mir allmählich Sorgen bereitete. Ich kannte solche Zustände von Freunden, die jahrelang die wildesten Trips und Pillen gefressen, die Bahnen gezogen und sich „Cocktails" gepresst hatten und nach langer Abstinenz aus heiterem Himmel einen Flashback bekamen, völlig wegtraten für Sekunden, manchmal Minuten. Freddi antwortete nicht. Er betete nur seinen Satz herunter.

Ich langte ihm auf die Schulter und ließ meine Hand dort liegen, griff etwas derber zu und schüttelte ihn leicht.

„Freddi! Hey! Warum hast du Angst vor Frauen?", fragte ich leise, denn ich wollte ihn nicht bloßstellen. Seine Augen füllten sich mit Tränen und sein Kinn begann zu beben.

„Die tun weh!", sagte er kurz, riss seinen Kopf herum und fixierte wieder diesen Punkt da draußen. Wieder die apathischen Bewegungen.

Was sollte ich darauf sagen? Irgendwas musste ich doch jetzt sagen?! Ich konnte den armen Kerl hier nicht so festgehen lassen. Aber mir wollte nichts einfallen. Ich hörte Freddis leises Schluchzen.

„Süße Schnecke", hatte Freddi das Mädchen genannt und sich bestimmt einiges ausgemalt. Sachen, die er nur aus

Filmen kannte. Die einzige Frau, die ihn jemals angefasst hatte, ohne grob zu sein, war wahrscheinlich seine Mutter gewesen.

Man sah Freddi seine Behinderung an. Der viel zu kleine Kopf auf dem viel zu schlaksigen Körper. Die Glubschaugen hinter dicken Brillengläsern. Der winzige Mund mit den dünnen Lippen, hinter denen die Zähne faulten.

Nein, Freddi wird nie einen wegstecken können. Sicher hat er oft versucht, zu flirten, zu baggern, aber er wurde immer nur ausgelacht, beleidigt, herumgeschubst, geschlagen und getreten, ob von den Freunden der Mädels oder von den Mädels selbst. Wegen der „Dreistigkeit", zu sagen: „süße Schnecke".

Plötzlich schreckte Freddi auf, griff sich ans Knie und sagte mit weit aufgerissenen Augen: „Scheiße, jetzt blutets! Da is was nass! Scheiße, jetzt blutets!"

Ich heuchelte Besorgnis, weil ich ja wusste, dass es nicht stimmte, und schlug ihm vor, aufs Klo zu gehen, die dicke Thermohose runter zu ziehen, um nachzusehen. Seine Bitte mitzukommen aber ignorierte ich. Und kaum, dass die Klotür geschlossen war, ging sie auch schon wieder auf, er kam zurück und sagte: „Die Binde is durch. Ich muss heim, die Binde wechseln."

Freddis Mimik änderte sich mit einem Mal. Plötzlich griente er, als sei das alles eben nicht passiert. „Du bist mein Freund!", sagte er, lächelte mich an und tätschelte mir die Schulter, während er sich langsam auf den Platz neben mir gleiten ließ.

„Du bist mein guter Freund! Du redest immer mit mir. Mit dir kann man sich gut unterhalten. Was willst du trinken mein bester Freund? Pfeffi? Wodka? Jägermeister? Whiskey?", fragte er mich und rief Olaf, der nun wieder hinter der Bar stand, zu: „Swei Jägermeister!"

„Nee!", rief ich hinterher und erklärte Freddi, dass ich Kräuter nur in Ausnahmefällen trinke.

„Bier! Ja, du trinkst ja immer Bier. Ich kauf dir eins."

„Lass mal, Fredi, du brauchst doch dein Geld für die Operation", beschwichtigte ich ihn und besänftigte dabei eigentlich nur mein eigenes Gewissen. Ich wollte ihn nicht ausnehmen. Ganz bestimmt nutzten viele seine Dankbarkeit aus, stellten sich mit ihm gut, nur um etwas ausgegeben zu kriegen. So wollte ich nicht sein.

„Doch!", bestand er fast bockig: „Ich bezahl!"

Ich bestellte also noch ein Bier und signalisierte Olaf heimlich, dass er es mit auf meine Rechnung setzen sollte.

„Sagtest du nicht, dass du deine Binde wechseln musst?", wandte ich mich wieder Freddi zu, der gerade seine Münzen im Portemonnaie zählte.

„Ja, ich bezahl jetzt, mein guter Freund", sagt er, tätschelte mir erneut den Rücken, hievte sich theatralisch in die Senkrechte und humpelte mit übertrieben steifem Bein zur Bar, zahlte, kam zurück, um sich seine Jacke anzuziehen, verabschiedete sich von mir, gab dem Typen neben mir die Hand, der da mit dem Mädchen saß, um Tschüss

zu sagen. Dann reichte er sie der jungen Frau. Die machte ein angewidertes Gesicht, versteckte die Hände hinter
ihrem Rücken und sagte abweisend: „Dir geb ich wohl
die Hand?! Ich geb dir doch nicht die Hand!"

Fredi blickte enttäuscht, beugte sich zu ihrem Freund und
sagte: „Ich habe Angst vor Frauen ... die tun weh".

FRAGMENT

Von Regen getränkt
Muss ich die Welt abwerfen
Aus den nassen Sachen raus
Und Kain nach Hause schicken
Weil sein tot geglaubter Bruder
Durch die Weiten streift
(Flüsternd: Ich habe ihn gesehen)

Strebe nackt in warme Abende
Und verdurste in der Nüchternheit
Dieser falschen Existenz

ZWIESPRACHE

Trink dein Glas aus
Und pack die goldnen Zeiten ein
Wir müssen weg
In eine andre Zeit
Hier gibt es nichts mehr auszusaugen
Wirr der Kopf
Und die Gedanken taumeln
Das Sein muss anders sein
Um wieder atmen zu können
Stirb nicht ohne mich
Du Egoist
Wir wollten doch zusammenbleiben
Frei vom Draußen
Und red nicht immerzu von "Denen"
Das sind wir doch auch
"Die"

KNÜPPEL ZWISCHEN DIE BEINE

Manchmal würde ich der Zeit
gern einen ordentlichen Knüppel
zwischen die Beine werfen.
Obwohl ich sie eigentlich mag,
die Zeit.
Sie ist so was wie ein Freund,
wenn du ihr vertraust,
sie machen lässt
und weißt,
dass nichts, was geschieht,
einer bösen Absicht entspringt.

Aber hin und wieder
läuft sie zu schnell,
die Zeit
und dann verfluche ich sie.

EINS FÜR DIE KINDER

Ich saß im Runden Eck,
rauchte und trank gerade mein drittes Bier,
während der Himmel sich binnen weniger Minuten
von blau zu grau
zu grün und dann zu einem diabolischen Schwarz
färbte
und die Welt da draußen plötzlich
in einem tosenden Gewitter
unterzugehen schien.

Der Arbeiter,
der seit Stunden
den unteren Sockel des Hauses gegenüber
verputzte,
stand in der Eingangstür,
an den Rahmen gelehnt
und beobachtete,
wie sein Tagwerk
zähflüssig in den Rinnstein lief.

Der goldgelbe Strohhut triefte
und der Kopf, auf dem er saß,
bewegte sich
von links nach rechts,
während der Regen den Putz abwusch
und das rot leuchtende
Ziegelwerk wieder frei legte.

„Die ganze Scheiße für'n Arsch!",
bildete ich mir ein
den Arbeiter denken zu hören.

Als der Regen nachließ,
trat der Arbeiter wütend
gegen seinen blauen Eimer,
der in hohem Bogen über die Straße flog
und fast einen parkenden FIAT traf.

Mit dem Fuß schob er seine Kellen zusammen,
rollte die Deckfolie ein
und schmiss sie auf den Pickup.

Völlig durchnässt
schlug er dann
mit den Armen aus
und schrie,
dass ich es bis hier hören konnte:
„Verdammte Scheiße!"

Ich fragte mich,
ob er wusste,
dass er beobachtet wurde.
Das spürt man doch oft.

Mir war danach,
rüber zu gehen,
ihm auf die Schulter zu klopfen

und ihn mit den Worten
„Nimm's nich so schwer, Kumpel"
auf ein, zwei Bier einzuladen.

In diesem Moment lief eine junge Mutter
mit ihrer kleinen Tochter an dem Arbeiter vorbei.
Beide waren völlig durchnässt.
Die Kleine sprang lachend
in dem Rinnsal,
der sich auf dem Bürgersteig gebildet hatte,
auf und ab
und rief, sich melodisch wiederholend:
„Es donnert, es donnert, der Himmel macht Krach."

Ich stand inzwischen vor dem Runden Eck,
denn ich wollte dem Arbeiter tatsächlich
ein Bier ausgeben.
Die Kleine kam neben ihm zum Stehen
und sagte:
„Lach doch mal, Onkel.
Es regnet so schön,
da wachsen die Blumen."

Da
beugte er sich zu ihr runter,
sagte etwas, das ich nicht verstand,
tätschelte dem Mädchen den nassen Kopf.
Und als die beiden weitergingen,
räumte er seine Kellen in den Eimer,

sah Mutter und Tochter nach,
stemmte die Hände in die Hüften,
schüttelte erneut den Kopf
und lächelte.

BINDUNGEN

Wie ein Häuflein Elend saß er vor mir,
trank seit mehr als einer Stunde
an ein und demselben Bier
und rauchte seine Ostkippen,
die mir die ganze Bude
mit ihrem Gestank verpesteten ...
F6 ... ich wusste gar nicht,
dass es die überhaupt noch gab.

„Ich bin so im Eimer",
sagte er immer wieder
und ich wusste,
was er meinte.

„Desolat", würde der Therapeut sagen,
„instabil" oder „labil",
wenn er einen Therapeuten gehabt hätte.

Er war nicht nur ein Freund,
sondern auch ein guter Autor,
hatte aber seit Langem nichts mehr zustande gebracht,
denn vor drei Jahren kam seine Tochter zur Welt
und sein Leben änderte sich ad hoc.

Er war ein Wanderer vorher,
einer, der seine Ruhe brauchte,
seine eigenen vier Wände

und immer mal wieder eine Frau
mit zu sich nahm.
Nie aber was Festes,
wie man heute sagt.

Dann kam sie,
die Frau, von der er sagte,
sie sei Anker und Rettungsleine.
Und tatsächlich,
Gott weiß,
ob er noch leben würde,
wenn sie nicht wäre,
denn er trank wie der Teufel
und sie schaffte es,
ihn im Zaum zu halten.

Doch irgendwann war ihm das alles zu viel,
er wollte sich trennen,
wartete auf den richtigen Zeitpunkt
und als er anhieb, sich mit ihr darüber zu unterhalten,
kam sie ihm zuvor:
„Ich bin schwanger."

Und er klemmte sich die Trennung.

Und nun saß er hier,
vor mir,
völlig am Ende
und überlegte, sich wegzuputzen.

„Aber selbst das schaffe ich nicht.
Wie könnte ich auch?",
sagte er.
„Ich liebte die Kleine!
Ich liebe dieses Kind
abgöttisch.
Und sie ist zu stark für mich.
Sie hält mich mit ihren kleinen Händen,
mit ihrem kleinen Herzen,
sie lässt mich nicht los.
Ich liebe sie mehr
als mein eigenes Leben.

Ich weiß, dass ich gehen muss,
um gesund zu werden,
um wieder ich zu werden,
aber dieses kleine Kind
ist zu stark für mich!"

Er verstummte,
brannte sich eine weitere F6 an,
stellte die halbvolle Flasche Bier auf den Tisch
und ging.

IMMER ZWEIMAL

Eine Weisheit besagt:
„Man sieht sich immer zweimal im Leben."
und oft hoffe ich, dass das stimmt,
auch,
wenn die empirische Belegbarkeit
für diesen Spruch fehlt.

Franz war so ein Typ,
den ich irgendwann in Freiburg kennengelernt habe,
ihn aus den Augen verlor
und seitdem auch nie wiedersah,
was schade ist,
denn ich mochte ihn.
Er war eloquent,
studierte Russistik
und Soziologe,
war ein Punk
und auch, weil er einige Blessuren im Gesicht hatte,
sah er aus wie Martin Semmelrogge.

Es muss Anfang der 2000er gewesen sein.
Um rauszukommen aus der Enge der Kleinstadt,
mietete ich mich für ein paar Wochen
bei einem Bekannten
in der „wärmsten Stadt Deutschlands" ein.
Jeden Abend zogen wir um die Häuser,
nachmittags schrieb ich,

abends tranken wir,
meist im Café Atlantik.

Und da lernte ich Franz kennen.
Er saß allein an der Bar
und weil kein Tisch mehr frei war,
setzten wir uns zu ihm,
kamen ins Gespräch,
und als er irgendwann aufs Klo ging,
fiel mir auf, dass er lief,
als wäre er von Berlin nach Freiburg
nonstop auf einem mächtigen Hengst geritten.

„Biste n Cowboy, oder warum läufste so komisch?",
fragte ich ihn, als er zurückkam.
Das fand er nicht witzig
und seine Geschichte war es auch nicht.

„Ich wohne drei Straßen weg von hier",
erzählte er,
„vor ner Woche lief ich nach Hause
und hörte schon von Weitem wildes Geschrei.
Ich ging dem nach und als ich um die Ecke bog,
sah ich, wie sechs Cops
irgendeinen Typen in der Mangel hatten.
Ich kam näher und sah,
dass der Typ, der da schon am Boden lag

und gerade mit Knüppeln und Tritten bearbeitet wurde,
ein Freund aus Eritrea war.

Einer der Cops bemerkte mich,
als ich mich näherte und schrie sofort:
„Verpiss dich!"
Was hier los sei, fragte ich ihn
und blieb dabei ganz ruhig,
obwohl ich ne scheiß Wut hatte.
„Das geht dich n Dreck an!",
schrie der Bulle und stieß mich weg.
„Ich kenne den Typen", sagte ich, noch immer ruhig,
„Vielleicht kann ich vermitteln?"
„Du sollst dich verpissen, hab ich gesagt!",
schrie er erneut und baute sich vor mir auf.
„Ey, ich geh hier nicht eher,
bevor ihr ihn in Ruhe lasst.
Kann doch nicht sein, dass hier fünf von euch
auf einen Typen einschlagen,
der längst fertig ist",
sagte ich, nun etwas lauter
und bekam die Erste in die Fresse.

In diesem Moment kam die Verstärkung an,
zwei Tritte trafen mich
und die Acht klickte schneller,
als ich gucken konnte.
Sie schliffen mich weg und der Cop,
mit dem ich zu verhandeln versuchte,

sagte zu seinen Kollegen:
„Das ist der Negerfreund!"

Auf der Wache schleppten sie mich
in einen gefliesten Raum im Keller.
„Soso", sagte einer der Beamten,
„du bist also so ein weißer Bimbo?!"
Das ist das Letzte, woran ich mich erinnere.
Als ich am nächsten Morgen aufwachte,
fand ich mich in einem Krankenbett wieder.
Hodenriss – sagte der Arzt
und ich sollte ein Protokoll unterschreiben,
in dem stand, dass ich in diesem Zustand
am Ufer der Dreisam gefunden wurde.
„Das waren die Bullen", sagte ich zu dem Arzt.
Der glotzte mich an und fragte,
ob ich das beweisen könne?
Ich sagte, dass ich einen Zeugen hätte,
Jonas aus Eritrea, den sie ebenfalls bearbeitet hätten
und schilderte den Vorfall.
Der Arzt fing an zu lachen und sagte:
„Das ist ja wohl das Allerletzte.
    Die Polizei dafür verantwortlich zu machen,
wenn man im Suff eins aufs Maul kriegt."
Jonas sah ich nicht mehr
und vier Tage später stand ein Artikel in der Zeitung.
„Ungeklärter Todesfall" hieß es da.
„Eriträer tot an der Dreisam gefunden."

Noch heute denke ich ab und zu an Franz
und hoffe, ihn eines Tages noch einmal zu treffen.
Und noch mehr hoffe ich,
dass er jeden Einzelnen
dieser Schläger
irgendwann einmal treffen wird.

WIE ICH VON DER BUNDESWEHR EINEN KASTEN BIER GESCHENKT BEKAM

Zu einer Zeit, als die Bundeswehr noch keine Berufsarmee war, musste jeder männliche Jugendliche zur Musterung. Das heißt, spätestens mit dem siebzehnten Lebensjahr trudelte ein Brief vom zuständigen Kreiswehrersatzamt ein. Der so genannte Musterungsbescheid. Wenn man da nicht erschien, wurde man geholt und zahlte außerdem ne saftige Strafe.

Es war Mitte der Neunziger. Ich lernte, damals noch elternhörig, das Gas-Wasser-Installationshandwerk und wurde mit so einigen Geschichten über die Musterung konfrontiert. Denn in meiner Berufsschulklasse prahlten sie fast alle mit ihren T-Bescheiden. T1 bis T6 waren die Kategorien, die deinen körperlichen und geistigen Zustand beschrieben, den zu erfassen die Musterung diente. T1 war das absolute Oberding, du konntest quasi alles werden, weil du alles warst: in bester körperlicher Verfassung, fast so etwas wie ein Leistungssportler und geistig auf der Höhe eines potentiellen Professors. T6 wiederum hieß: Niete, ein Bewegungslegastheniker und dumm wie hundert Meter Feldweg. Das hieß auch, dass du für die Bundeswehr unbrauchbar warst. Das wurde dann „Ausgemustert" genannt und bedeutete, weder zum Bund, noch den Ersatzdienst im zivilen Bereich ableisten zu müssen.

Ich war weder interessiert daran, „mein" Land mit der Waffe zu verteidigen, noch daran, alten Menschen den Arsch abzuwischen, auch, wenn das nichts als ein unbestätigtes Klischee war.

In der Berufsschulklasse, wie gesagt, feierten sich die Meisten für ihre T1- oder T2-Musterung. Dieser Mob aus Möchtegern-Großmeistern des Installationshandwerkes, die sich schon als Rohrverlegungsingenieure bezeichneten, bestand vorwiegend aus richtigen „Männern". Dachten sie zumindest. Kaum, dass sie Haare am Sack hatten, waren sie die Kings. Und ein Soldat zu sein, war der feuchte Traum fast aller Klassenkameraden.

In meiner Punk-Clique erhielt ich jedoch die besten Tipps, wie ich um den Dienst kam: Stell dich dumm und wenn du denen was von Drogensucht erzählst, biste raus. Das war zu einer Zeit, als die ärztliche Schweigepflicht auch für die Musterung galt und du so richtig auftrumpfen konntest, ohne Gefahr zu laufen, dass kurz drauf die Bullen bei dir vor der Tür standen, mit Durchsuchungsbefehl und Schnelltest.

Einen richtigen Plan hatte ich nicht, als mich mein Vater zur Musterung ins Kreiswehrersatzamt nach Gera fuhr. Aber ich wusste, dass ich den Dorftrottel spielen würde, der ein arges Alkohol- und Drogenproblem hat. Eine Woche vorher trank ich alles, was ich in die Finger bekam, schmiss ein paar Trips, um meine Blutwerte auch der Story anzupassen, die ich mir halbwegs zurecht-gelegt hatte. Den Drei-Tages-Countdown verbrachte ich im Dauersuff und kam völlig verkatert in diesem DDR-typischen Flachbau an. Davor war eine Baustelle und ich nutzte nicht die provisorischen Pfade aus Holz-platten Richtung Eingang, sondern watete daneben durch den Schlamm, um meine Stiefel zu „präparieren". Die sollten von Anfang an den schlechtesten Eindruck von mir haben, den ich liefern konnte.

Und so nahm ich zerzaust und übelriechend an einem der Tische im Foyer Platz und harrte der Dinge, die da kom-men würden. Ein junger Mann in Uniform peilte nach kurzer Wartezeit meinen Tisch an, setzte sich zu mir und legte mir einige Zettel hin. „Es handelt sich hierbei um Ihren Laufzettel, Kamerad", sagte er und zeigte auf den DIN-A5-Schein. „Hier finden Sie die nun folgen-den Stationen, die Sie zu absolvieren haben. Zunächst aber müssen Sie das hier ausfüllen." Er schob mir einen A4-Fragebogen zu. „Hier haben Sie alle Regimenter auf-geführt. Nehmen Sie sich die Zeit, anzukreuzen, wo Sie sich am ehesten sehen. Dann gehen Sie dort drüben zu den Tischen, wie auf dem Laufzettel beschrieben. Dort wird zunächst der Antrag bearbeitet, bevor es ins Labor und dann zur Untersuchung geht."

Marine, Funker, Panzergrenadiere, Pioniere ... ich weiß nicht, was da alles draufstand, denn ich habe es nicht wirklich gelesen. Angekreuzt allerdings habe ich alles. Auch ganz unten, die letzte Möglichkeit ein Kreuz zu machen, ließ ich nicht aus. Dort stand: ‚Ich möchte den Wehrdienst verweigern.‘ Klar wollte ich das. Aber die Damen da drüben an den Tischen sollten ja auch etwas zu tun haben. Und ich hatte nicht vor, es ihnen leicht zu machen.

Als ich fertig war, stand ich auf und zog meine Schlammspur Schuhgröße 40 quer durch den Raum zu der dicken Frau mit Dutt, die mich schon beim Herannahen misstrauisch und auch ein bisschen angewidert betrachtete. Ich legte ihr meinen Zettel hin und setzte mich.

„Hab ich Sie gebeten, sich zu setzen?“, herrschte mich die Dame an, die aussah, als wäre sie einmal Aufseherin in einem Jugendwerkhof gewesen.

„Äh … nee. Soll'sch nochma uffstehn?“, bäuerte ich in feinstem Dorfthüringisch zurück.

„Na nun sitzen Sie einmal“, sagte sie, nahm sich den Zettel vor und wurde rot.

„Was soll das denn? Sie haben ja hier alles angekreuzt. Was wollnse denn, Bundeswehr oder Zivildienst?“

„Na eischntlisch Zivildienst“, antwortete ich. „Awor isch wees ja nisch, ob'sch den ooch krieg.“

„Also wollen Sie Zivildienst machen, ja oder nein?“

„Eischntlisch ja.“

„Und warum haben Sie dann hier alles angekreuzt?“

„Na weil, wenn dor Zivildienst obgelehnt wörd, muss'sch doch wiss'n, was das da alles is, damit'sch wees, wo'sch dann hingeh“, antwortete ich und brachte die Frau an den Rand eines Wutanfalls. Ihre Halsschlagader pumpte und das Rot in ihrem Gesicht färbte sich allmählich zu einem Violett.

„Sie wollen den Wehrdienst verweigern, ja oder nein?"

„Ja."

„Dann füllen Sie jetzt dieses Formular hier aus und und schreiben zu Hause eine Begründung. Das Ganze schicken Sie dann an die unten angegebene Adresse."

„Zu Befehl", sagte ich gespielt eingeschüchtert.

„Dann gehnse jetzt da hinten durch die Tür in die Umkleideräume, ziehen sich um und warten, bis Sie aufgerufen werden", erklärte sie. Das stand zwar auch auf meinem Laufzettel, aber offenbar glaubte die Dame, ich sei tatsächlich zu doof, um das selbst zu verstehen.

Auf der Vorladung zur Musterung standen neben dem Termin verschiedene Informationen. Unter anderem wurde man aufgefordert, Sportbekleidung und Turnschuhe mitzubringen. Es wäre gelogen, würde ich hier erzählen, dass ich die Sachen absichtlich vergessen hatte. Ich dachte schlichtweg nicht mehr daran, als ich am Morgen ins Auto stieg.

Bewusst wurde mir das erst wieder, als ich die Umkleideräume betrat. Gegenüber dem Eingang wies ein Schild darauf hin, dass man unbedingt die Straßenschuhe auszuziehen habe. Nicht einmal ein schwer sehbeeinträchtigter Mensch hätte diese riesigen Lettern übersehen können.

Ich zog meine Jacke aus, hängte sie an einen der Haken und setzte mich. Lange musste ich nicht warten, bis die

Laborantin kam, um mich aufzufordern, sie zu beglei-
ten. Als sie jedoch bemerkte, dass ich in meiner Straßen-
kluft dasaß, sagte sie erstaunt: „Sie sind ja noch gar nicht
umgezogen?!"

„Äh nee, weil'sch meine Sportsochn dorheeme vorgessn
hob!", antwortete ich.

„Na dann müssen Sie in Unterwäsche den Weg absolvieren. Also ziehen Sie sich aus und ich komme gleich wieder.", hallte es in dem gelb gekachelten Umkleideraum.
Ich zog also meine Schuhe aus, entledigte mich meiner
Hose und stand nun in T-Shirt, Shorts und Strümpfen
da. Es war kalt an den Füßen. Das war aber nicht der einzige Grund, weswegen ich meine schlammverkrusteten
Boots wieder anzog, die inzwischen krümelten wie ein
großer, brauner, alter Keks.

Aus dem Gang rief die weißbekittelte Laborantin erneut
meinen Namen. Ich ging nach draußen und folgte ihr,
die mich keines Blickes würdigte, in einen Raum, der
ebenso hässlich gekachelt war wie die Garderobe. Nach
„Labor" sah das hier nicht aus. Eher nach einem muse-
alen Behandlungszimmer, das den medizinischen Stand
der 50er zeigte. Sie beachtete mich noch immer nicht,
füllte irgendwelche Zettel aus und befahl in harschem
Ton, mich auf eine uralte Waage zu stellen. Als sie sich
umdrehte, verfiel die gute Frau in eine Art Schockzu-
stand. Völlig fassungslos schrie sie: „A … aber … aber Sie
haben doch ihre Straßenschuhe noch an?!"

„Jo … warum?", entgegnete ich.

„Haben Sie das Schild nicht gesehen? Schuhe ausziehen!"

„Ähm ... nö? Welches Schild änn?"

„Gleich wenn Sie reinkommen. Aber ganz schnell zurück, Schuhe aus und wieder hierher!"

Also ging ich zurück, zog die Schuhe aus und betrat das Labor erneut, stellte mich auf die Waage, ließ mich messen und bekam wortlos einen Kunststoffbecher in die Hand gedrückt. Fragend blickte ich die Dame an und meinte, dass ich keinen Durst hätte.

„Na nee!", meinte sie, was ich wiederholte: „Na nee!"

Gereizt und überspitzt wies mich die Laborantin, jedes einzelne Wort betonend an: „Sie möchten bitte einmal in den Becher urinieren", und deutete dabei mit der Hand auf eine kleine Kabine.

Ich tat, wie mir gesagt wurde, pisste das Ding bis zum Rand voll, balancierte es hinaus, stellte es auf dem Tisch ab und fragte: „Reecht das? Odor soll'sch noch een voll machen?"

Strengen Blickes sah sie mich an, als wolle sie sagen: „Pass mal auf du kleiner Scheißer, ich hab dein Schauspiel hier durchschaut und wenn du mich weiter verarschen willst, hau ich dir persönlich dermaßen eine rein, dass du denkst, in Afrika is Muttertag!"

Sie sagte allerdings nur übertrieben deutlich: „Das reicht! Nehmen Sie in der Umkleide Platz, Sie werden aufgerufen!"

Ich setzte mich wieder und ritzte mir eine zweite Kerbe in den Gürtel.

Der Boden vibrierte, als ich schon fast eingeschlafen war. Aus dem Gang vor der Kabine drang eine tiefe, bedrohlich Stimme: „Herr Kruppe bitte!"

Jetzt ists mit dem Spaß vorbei, dachte ich. Dieser Stimme lag das Grauen inne. Wenn Folterknechte in diesen Mittelalterfilmen jemals gesprochen hätten, sie wäre die perfekte Synchronstimme gewesen.

Vorsichtig stand ich auf. Noch vorsichtiger ging ich in Richtung Tür und spähte auf den Gang. Meine Ahnung hatte mich nicht getäuscht. Dort stand sie: ein Panzer in Weiß. Ich sah mein Unterfangen gefährdet, denn allein dieser Anblick war furchteinflößend.

Ich folgte dem Ungetüm in ein zweites, diesmal etwas bequemeres Behandlungszimmer und nahm an dem Schreibtisch Platz. Einige Fragen wurden gestellt und ich versuchte, meine Farce vom Dummen ausm Dorf weiterzuspielen, diesmal aber etwas reduzierter, denn ich fürchtete mich vor dem Erschießungskommando, das sie ohne mit der Wimper zu zucken gerufen hätte, hätte ich mein Schauspiel hier auf die Spitze getrieben.

„Der Mädchenname der Mutter?", fragte der Panzer.

„Christiane", antwortete ich kleinlaut.

„Ist das der Mädchenname?"

„Nu klor, meine Muddi is doch n Mädschen."

„Wolln Sie mich auf den Arm nehmen!", hallte es durch den Raum und ich sah vor meinem geistigen Auge den Rückstoß eines Panzers nach einem Schuss aus vollem Rohr.

„Nee?"

„Wie hieß Ihre Mutter, bevor sie geheiratet hat?"

„Das weeß isch doch nisch. Da war'sch doch noch gor nisch da!"

„Sie wollen mir sagen, dass Sie den Mädchenname ihrer Mutter nicht kennen?"

„Ja!"

Kopfschütteln.

„Nehmen Sie zur Zeit Medikamente?"

„Wenn'sch Koppmerz'n hob, ja, oder wenn'sch krank bin."

„Aber nicht regelmäßig?"

„Nein."

„Und wie ist es mit Drogen?"

Da war sie, die Frage, die mich retten sollte. Natürlich habe ich hin und wieder experimentiert zu dieser Zeit, und klar war da auch die ein oder andere illegale Substanz dabei, regelmäßig aber trank ich lediglich Alkohol. Das brauchte der Panzer allerdings nicht wissen.

„Was meinense denn jetz' genau?", fragte ich.

„Na zum Beispiel Alkohol? Trinken Sie Alkohol und wenn ja wie viel und wie oft?"

„Na ja", begann ich zu übertreiben „Wenn'sch früh uffsteh, brauch'sch schon drei, vier Bier, um in de Gänge zu komm', sonst kann'sch nisch denk'n, hob n ganz'n Doch schläschde Laune, bin aggressiv unn so. Ahms trink'sch dann meist so zehn, fuffzn Flaschn."

Ihre Augen wurden größer.

„Andere Drogen?"

„Drei vier Eemer am Tach..."

„Was?", unterbrach sie mich.

„HA-SCH-ISCH", betonte ich und fuhr fort:

„Unn am Wochnenne ne Bille, ne Leine oder sowas. Weil, sonnst is ja keene Bordie und dann geh'sch dorheeme kapudd unn zorschlochs Mobiliar."

Nun geschah etwas, mit dem ich überhaupt nicht gerechnet hatte. Ich erwartete an dieser Stelle den längst überfälligen Ausbruch unbändiger Wut. Moralischer Standpauken und Drohungen der übelsten Sorte. Aber das Gegenteil war der Fall. Frau Panzer bekam eine menschliche, ja, einfühlsam mütterliche Stimme:

„Ist das wirklich so schlimm mit Ihnen? In Ihrem Alter ist das doch nicht gut?! Haben Sie schon einmal über ein Entzugsprogramm nachgedacht? Wissen Sie, ich lerne ja viele junge Männer in Ihrem Alter hier kennen, aber so was habe ich noch nie so offen gehört. Wollen Sie sich wirklich Ihr ganzes Leben so verderben? Sie wollen doch bestimmt mal heiraten, eine Familie gründen, da kann das doch nicht gut sein? Denken Sie denn nicht an ihre Gesundheit?"

Ich dachte, sie fängt jeden Moment an zu heulen. Tat sie aber nicht und nach meiner Antwort, dass sie ja Recht habe und ich mir auch schon Gedanken gemacht habe, ging es in militärischem Ton weiter: „Dann legen Sie sich mal hier auf die Liege!"

Sie schnürte mir die Druckmanschette um den rechten Arm, sprach drohend: „Nicht wackeln jetzt!", und setzte das Stethoskop auf die Armbeuge. Dass da ein Lautsprecher angeschlossen war, der das Schlagen des Pulses hörbar machte, konnte ich ja nicht ahnen. Der stand auch noch direkt neben meinem Kopf und gab plötzlich ohrenbetäubendes Hämmern von sich. Ich erschrak und zuckte zusammen.

Nun wurde der Panzer grantig und begann die ersten Salven zu schießen: „Ich hab doch gesagt, nicht wackeln, verdammt noch mal", woraufhin ich nur ein leises „Vorzeihung, sch wor orschroggn" hervorbrachte. Beim zweiten Versuch zuckte ich absichtlich und wurde ebenfalls laut: „Dos Ding orschriggd misch owor och immer!"

Schnaufend drehte sie am Lautstärkeregler und konnte nun meinen Puls messen. Damit fertig, befahl sie mir, zehn Kniebeuge zu machen. Ich machte drei Liegestütze, sie sah mir kurz sprachlos zu und wurde dann zur Furie: „Sagen Sie mal, sind Sie wirklich so dumm oder tun Sie nur so? Ich sagte Kniebeuge!"

Ich stand auf, blickte sie fragend an und kratzte mir den Hinterkopf: „Äh ... wie geht das nochma?"

Ich hörte förmlich den Ruf nach dem Erschießungskommando. Aber sie blieb geduldig und bewegte die ungeheuren Massen, um mir zu demonstrieren, was sie von mir wollte. Mit einem „Aach so!" schlug ich die flache Hand gegen die Stirn und tat es ihr gleich, schwächelte bei Nummer Sieben und brachte die Zehn gerade so hinter mich. Erneut Blutdruck messen. Nein, diesmal zuckte ich nicht, denn ich wollte leben!

Jetzt folgte das allgemeinmedizinische Prozedere. Lunge und Herz abhören, dehnen, strecken, in den Rachen lunzen, wie man das kennt, wenn man zum Doktor des Vertrauens geht mit „Magenschmerzen", weil man es verschlafen hat. Schließlich meinte die Ärztin: „So, nun lassen Sie mal die letzte Hülle fallen!"

Ich zog meine Buchse bis zu den Füßen und überlegte noch zu sagen: „Owor nisch so nah ran, sch hab misch s letzte ma vor vörzn Tochn gewoschn", ließ es aber, denn ich war ihr ausgeliefert, an Flucht war, mit der Buchse an den Füßen, nicht zu denken und ich wollte nicht Opfer einer zornigen Analpenetration werden.

Auch dies hinter mich gebracht, wartete die letzte Station des selektiven Rituals auf mich, die Hörkabine. Mein Finale! Ich sollte mich in einem engen, kleinen Raum mit Glastür auf einem Schemel niederlassen, mir Kopfhörer aufsetzen, und eine Art Minijoystick bedienen, der am oberen Ende einen Druckknopf hatte. Diesen sollte ich betätigen, sobald ich ein Geräusch hörte.

Als das Fietschen kaum aushaltbar war und ich gerade drücken wollte, flog die Tür mit einem derartigen Schwung auf, dass ich dachte, gleich unter den Trümmern der Kabine begraben zu werden. Der große Kopf des menschlichen Panzers kam mir entgegen, und spuckte mir seinen Hass ins Gesicht: „Wenn Sie glauben, mich verarschen zu können, dann haben Sie sich geschnitten..."

„Nee...", schrie ich zurück, „sch hab vorgess'n, was'sch machen soll. Sch dacht', sch soll drüggn, wenn's unordräschlisch is!"

„Sie sollen den Knopf drücken, wenn Sie was hören!"
Ich glaube, diese Aufforderung hat ganz Gera gehört! Wenn sie nicht sogar irgendwo ein Erdbeben ausgelöst hat?! Jetzt packte mich wirklich die Angst.
Ich drückte also den Knopf, fast immer dann, wenn ich etwas hörte, wurde aus dem Kabuff zitiert und direkt verabschiedet mit den Worten: „Na ja, Herr Kruppe, ich schreibe Sie auf T5, das hat mit Ihnen sowieso alles überhaupt keinen Sinn! Gehen Sie vor an die Kasse, holen Sie sich Ihr Geld und verschwinden Sie!"

Ich weiß bis heute nicht, wer von uns beiden erleichterter war, der Panzer oder ich? Aber was war das noch? Geld? Kasse? Ich wusste nicht gleich, was die Frau meinte, spähte auf meinen Laufzettel und tatsächlich, da stand etwas von Zahlstelle und dass man für die An- und Abreise Geld bekäme. Schnell rechnete ich mir aus, dass ich mehr davon hätte, würde ich erzählen, dass ich mit dem Zug gekommen sei. Auf die Frage nach dem Ticket sagte ich dreist, dass ich es aus Versehen weggeworfen habe, das Rückfahrticket aber per Post schicken könne.

So geschah es, dass ich weder Bund, noch Zivildienst leisten musste, von dem Verein Geld für zwei Kästen Bier als Gage für mein Schauspiel bekam, zu meinem Vater ins Auto stieg und mich vergnügt gen Heimat fahren ließ.

Danke, liebe Kameraden und Kameradinnen!

DER HIMMEL IST VIOLETT

Der Himmel ist violett
Die Woche ist geschlagen
Ich bin pleite
Durchgezecht
Aber
Ergebnislos
Gefühlte dreihundert Kilometer gelaufen
Nüchtern gesoffen und doch
Betrunken
Wieder nur ein Morgen
Viertel neun
Brecht wusste schon
"Der Himmel ist violett
Besonders wenn man besoffen ist"
Es scheint ein sonniger Tag zu werden
Ich
werde
Ihn verschlafen
Letzte Zigarette
Letzte Worte
Den Suff im Wasserglas ersaufen
Frühlingssonne scheint mir ins...
...Ist mir egal
Trüb und voll Schlaf
Ist Sein jetzt
Weckt mich nicht

DANKSAGUNG

Michael Schweßinger, David Gray (alias Ulf Torreck), Benjamin Schmidt gehören wohl zum engsten Kollegenkreis, der allerdings mehr ist als bloße Kollegenschaft. Auch, wenn uns die Literatur verbindet, so ist es doch noch etwas ganz anderes, das den Kreis definiert: Freundschaft.

Und so ist mir dieser „Sex & Drugs & Literature"-Zirkel, neben meinen beiden Töchtern und Mayjia, das Wichtigste. Danke für immer ehrliche Worte, viele herrliche Abende und Nächte voller Gespräche, Diskussionen und einer schon jetzt immensen Summe an Kaltgetränken. Ebenso wichtig und also auch bedankt seien meine beiden Töchter, die mein Leben reicher machen. Auch Frau E. sei an dieser Stelle gedankt, die mich jahrelang unterstützt hat.

Freilich sei an dieser Stelle auch Freund und Verleger Tristan Rosenkranz und seiner Edition Outbird gedankt, ohne den die letzten drei Bücher nicht entstanden wären.

Danke auch an Ralf Schönfelder, der ebenfalls stets ein beratender und unterstützender Freund ist und überdies zusammen mit Mario Osterland den Literatur-Podcast „Blaubart & Ginster" unterhält, der mich nicht selten inspiriert.

Danke an die Damen und Herren der „Pappe – alte Papierfabrik Greiz", von deren Mitgliedern einige ebenfalls Freunde geworden sind. Namentlich vor allem Lippi,

Peter und Reiner. Aber auch all die anderen Menschen dort machen diese Location zu dem, was sie für mich ist: meine absolute Lieblingslocation und Zwischenstation (ihr wisst, was ich meine).

Danke an Susanne Stoll (für die Mühen an diesem Buch). Danke an Corinna und Yve (ohne Euch wäre vieles schwerer), Heidi, Claudia und Steffen (ohne euch könnt ich nicht so viele Kilometer im Jahr zurücklegen), Steve (ohne deinen Laden weniger Tabak und weniger Storys), Ali (wir vermissen dich), Benni und dem Franzenshof (ohne euch kaum eine Sendung „Wort & Klang", kein „Anders-Art-Festival" und keine beste Pension in Pößneck), Veit und Inge und den Rest der PAF-Crew (ohne euch kein alternativer Freiraum in Pößneck), all den Menschen in Zeitz, die unser Projekt „Wort & Klang" so erfolgreich machen. Danke auch Florian Günther, Lukas Rauchstein, Peter Wawerzinek, Juli, Martin und Martin (Zeitz), Marcel Schreiter (coole Film-Kooperation), Lutz, Kaya, Gee (mehr trinken!) und dem Team des Rudolstadt-Festivals für die Möglichkeit, die Hauptbühne moderieren zu dürfen (was ich auch gern 2020 wieder gemacht hätte – danke Corona).

Besonders danke ich all meinen Steady-UnterstützerInnen und solchen, die es noch werden. Steffie Anders, Stefan Blecks, Markus Blum, Christoph Pache, DM Dude, Sabine Friedrich, Falko Heimer, Pierre Fütterer, Bunte Juli, Melanie Keller, Christian Pascha, Marius Koity, Dirk

Küfner, Karen Lottegier, Ronny Ludwig, Anne Pankrath, Ralf Schönfelder, Dana Schwarz-Haderek.

Fast zum Schluss, aber nicht minder ausdrücklich danke ich Radio DarkFire, namentlich noch einmal ausdrücklich Symeon und Manja für die Möglichkeit, mich auch als Radiomoderator und DJ betätigen zu können.

Zu guter Letzt gilt mein Dank allen Kneipen, Stehpinten, Getränkeläden, Spätis und Brauereien.

Und vergesst nicht: „Es ist kein Tier so klein, das nicht dein Bruder könnte sein." Francois Villon

M.Kruppe unterstützen:
https://steadyhq.com/de/mkruppe

M.KRUPPE | KURZVITA

M.Kruppe, 1978 im thüringischen Pößneck geboren, ist Autor, Rezitator, Moderator und Veranstalter kultureller Events vorwiegend in Thüringen, Sachsen und Sachsen Anhalt.

Mit den „Geschichten vom Kaff der guten Hoffnungen" legt er nach „Von Sein und Zeit" (2016) und „Und in mir Weizenfelder" (2018) sein nunmehr drittes Buch in der Edition Outbird vor.

Kruppe begreift das Schreiben als Berufung und skizziert in seinen Texten oftmals Menschen am so genannten Rande der Gesellschaft, um ihnen eine Stimme, einen Fokus zu geben, die für gewöhnlich ignoriert, verlacht und verspottet werden. Auch finden sich immer wieder Selbstreflektionen in seinen Texten.

Der Vater zweier Töchter ist seit mehr als zehn Jahren auch als Rezitator mit mehr als zehn verschiedenen literarischen Programmen auf Bühnen im deutschsprachigen Raum unterwegs und moderiert neben drei Sendeformaten bei Radio DarkFire die Hauptbühne des Rudolstadt Festival (ehem. TFF). Im Mai 2020 organisierte und moderierte er neben anderen KünstlerInnen das weltweit einzigartige Darkstream Festival.

Außerdem ist er im Vorstand zweier Kulturvereine und Mitglied im Thüringer Lese-Zeichen e.V.

Bereits erschienen in der Edition Outbird:
M. Kruppe - Und in mir Weizenfelder

Das ist Punk. Kein Poetry Slam oder Rap. Sondern Punk. Das ist Sex and Drugs in einer Sprache wie verdammt harte und irre laut gespielte Gitarrenriffs. So, welcome to the dark Side. Willkommen in einem Kaff
der verlorenen Hoffnungen, wo Kruppe seine toten Helden Charles Bukowski, Jack Kerouac und Francois
Villon beschwört, um mit ihnen einen Pogo zu tanzen, bei dem Mörder und Huren, Penner und Spießer
ihre Pleiten zu Triumphen verlachen.

*„Aus diesen Gedichten schreit der Zorn eines Autors über seine Zeit und die Welt. Aber hin und wieder blitzt
darin auch eine Zärtlichkeit auf, die einer frostigen Nacht abgetrotzt und hinter einem Fenster voller Eisblu-
men geformt wurde." - David Gray*

„Man spürt, dass Kruppe kämpft. Seine Weizenfelder wurden Wodka. Doch vorher speicherten sie Sonne."
- Dr. Mark Benecke

ISBN: 978-3-95915-108-5
Preis: 9,90€
Erhältlich im gut sortierten Buchhandel sowie unter **shop.outbird.net**

Bereits erschienen in der Edition Outbird:
Gerry X - Dilemma Nullzone

...den Windungen der Imagination folgend, die nun mal allein die realen Dinge schafft... Das sagte der Surrealist Andre' Breton im Jahre 1929. Und „Dilemma Nullzone" ist surreal. Genauer: Der Roman – der kaum herkömmlichen Erzählformen folgt – ist ein prosaisches Manifest des surrealen Dadaismus.

Die Protagonisten sind gefangen in einer ewigen Gegenwart. Becket's Godot taucht auf und enttäuscht. Dostojewski's Sonja aus „Schuld und Sühne" veranlasst die Bagage sich auf den Weg zu machen um die Freiheit zu finden. Die Nullzone wir bereist...

Gerry X projiziert Sprachbilder in dieses Szenario, die Lesende auf einem postapokalyptischen Aussteiger-planeten wähnen und unweigerlich die große Frage nach dem Sinn dieser Überreste hedonistischer Kultur stellen lässt.

ISBN: 978-3-948887-02-5
Preis: 13,00€
Erhältlich im gut sortierten Buchhandel sowie unter **shop.outbird.net**

Bereits erschienen in der Edition Outbird:
Michael Schweßinger - In Buxtehude ist noch Platz

Die Welt ist entsetzlich schön und Michael Schweßinger ist in ihr unterwegs: Nicht nur in Buxtehude, sondern quer durch Europa – in fremden Städten, auf Flügen und Zwischenstopps und eigentlich irgendwie immer in between – begegnen ihm Menschen und ihre Geschichten. Seine Triebfedern dabei sind Neugier und die Schönheit des ersten Morgens in einem gänzlich unvertrauten Land. Er nimmt uns in seinen Erzählungen mit auf diesen kaleidoskopischen Heimweg in die Fremde.

Sein Erzählsound ist mal entspannt und fließend, mal Social Beat, und immer wieder trifft da dieser ihm ureigene, verstiegene Humor auf eine Philosophie des Lebenshungers.

Und wer über die weltumspannende Geschichtenfülle dieses Erzählbands hinaus noch ein Faible für kleine Verspieltheiten fürs Auge hat, wird in diesem Buch ebenso fündig.

ISBN: 978-3-95915-125-2
Preis: 12,90€
Erhältlich im gut sortierten Buchhandel sowie unter **shop.outbird.net**

Bereits erschienen in der Edition Outbird:
Edek Rose - Schwanenhalsbrücke

„Schwanenhalsbrücke" ist Lyrik der blutigen Abgründe und pulsierenden Wunden. Edek Rose ritzt, tor-
kelt und schreit zwischen Mut und skrupellosen Grenzübertritten umher, um eine Welt aufzuzeigen, die
niemand sehen will. Zu traumatisierend sind Vergewaltigung und Missbrauch, zu viel Blindheit trägt unser
aller Maskerade als Rouge auf.
Und doch schaut dieser Typ da sehr genau hin, suhlt seine schmerzlich schonungslose Sprache in all diesen
Unfassbarkeiten, bebildert Wort für Wort eine Welt, die sich hinter unserer Gesellschaft der Saubermen-
schen verbirgt...

ISBN: 978-3-95915-128-3
Preis: 13,90€
Erhältlich im gut sortierten Buchhandel sowie unter **shop.outbird.net**

GESCHICHTEN
VOM
KAFF
DER
GUTEN
HOFFUNG